김치화

박 에발행가나께 ♡

화신이세남 .

**Wake up
for yourself**

Wake up

나는 100세까지
섹시하게 살기로 했다

최원교 지음

for yourself

공감

100세까지 섹시하게 살아 낼 세상 모든 100세 활동가에게

'노후의 새로운 패러다임'을 올립니다.

목차

100세 시대, 가장 아픈 현실 고령화 문화를 바꾸는
노후의 새로운 패러다임입니다.

– 우리는, 노후가 '포기'라고 생각하지 않습니다.

– 우리는, 노후에는 '그냥 집에 있는 것'이라고 생각하지 않습니다.

– 우리는, 노후에는 '누구나 아픈 것'이라고 생각하지 않습니다.

– 우리는, 노후는 '자식이 책임지는 것'이라고 생각하지 않습니다.

– 우리는, 노후가 '은퇴'라고 생각하지 않습니다.

– 우리는, 노후가 '아무것도 할 수 없는 것'이라고 생각하지 않습니다.

노후 새로운 패러다임은

지금은 40대, 50대, 60대, 70대, 80대, 90대에 해당되지만,

가까운 시일에

10대, 20대, 30대에도 이해하고 동참할 것입니다.

무엇보다

나라가 걱정하지 않아도 되는

'고령화 사회'를 꿈꾸고 있습니다.

셀프탄생, 누구나 100세 활동가로 살 수 있다

하루아침에 모든 것을 다 잃었다. 3년 전의 일이다. 60년 동안 피 끓는 노력으로 세운 부와 명예와 사람들을 한꺼번에 모두 쓸 어 가 버렸다. 지금은 그것에 대하여 감사하고 있지만, 그때는 처 음으로 '죽음'을 생각했던 '절대 절망'의 위기였다.

절망도 잠시, 죽을 것 같은 위기라도 기회를 찾아야 한다고 결 심하자 실낱같은 기적이 보이기 시작했다. 대운이 온 것을 알아 차린 것이다. 그리고 슈퍼어게인이 된 지금은 한없이 감사하는 마음으로 하루하루를 성실하게 보내고 있다.

이 기적 같은 이야기를 전하고 싶다. 어둡고 힘든 고통 속에서 고달프게 살고 있지만, 곧 성공할 그 사람에게 알려 주고 싶다.

10년간 계속되는 긴 터널 속에 있었다. 끝까지 가야만 하는, 어디에도 비상 출구가 없는 길고 긴 터널이었다. 우리가 살면서 겪는 고통은 크게 세 가지다. 첫째 사람으로부터 받는 절망과 위기, 두 번째 건강으로부터 받는 아픔과 두려움 그리고 자연으로부터 받는 절체절명의 어쩔 수 없는 환경이다. 10년 동안 겪은 인간 재해, 건강 재해, 자연재해는 파도처럼 연이어 나의 60년을 덮었다. 그 덕분에 새롭게 다시 태어났고 세상을 변화시킬 이야기를 하나 가지고 왔다.

우리나라가 '죽음'을 선택하는 사람의 순위가 세계 1위라고 한다. 이 책 한 권에 자살 순위 리스트에서 사랑하는 조국의 이름을 삭제할 방법이 있다. 나 또한 가족들에게 다 같이 죽자고 했던 사람이다. 한 표는 찬성, 나머지 세 표는 반대였다. 세상 모두를 포기하는 마음을 세 표의 주권자가 이겼다. 책임을 져야 했기 때문이다. '자살'을 '살자'로 바꿨다. 아찔한 순간이었다. 그때의 선택이 둘 다 가 보지 못한 낯선 길이었기에 3년이 지난 지금 그 시간을 생각하면 가슴을 쓸어내린다. 참 잘했다. 살아 있기를!

살아 내야 한다고 결단하니 어느 날 새벽 유튜브에서 '대운' 전에 일어나는 일에 대하여 알게 되었다. 마치 우주에서 보낸 편지 같았다. 소름 돋는 일이었다. 하루아침에 일어난 모든 일은 대운을 만나기 위한 것이었다. 100% 맞는 틀림없는 순백의 대운이었다. 당신도 해당하는 것에 동그라미를 쳐 가며 읽기 바란다.

자의든 타의든 환경이 완전히 바뀐다.

인연이 다 깨진다.

주변이 산산조각이 나고 완전히 다르게 세팅된다.

사소한 것에도 깊은 깨달음을 얻는다.

새로운 시야를 갖게 된다.

안 해 본 것들 낯선 것들을 시도해 본다.

좋은 습관을 들이려고 노력하고 나쁜 습관을 버리려고 한다.

성격과 말투가 바뀐다.

마음의 여유가 생기고 잔걱정이 사라진다.

마음이 든든해진다.

얼굴빛이 좋아지고 표정이 좋아진다.

자신감이 생기고 사고가 긍정적으로 바뀐다.

마음이 기쁘고 즐거워진다.

열세 가지 중 단 하나라도 있다면 해당하는 것 이외의 다른 것
은 모두 바꾸면 된다. 간절한 마음 때문인지 열세 가지가 모두 그
때의 현실이었다. 진한 것은 그대로, 약간 흐린 것은 진하게 칠하
기 시작했다. 오늘까지 모두 동그라미다. 만일, 한 개도 해당하지
않는다면 알게 된 것만으로도 '대운'이다.

타령할 사이도 없이 바로 질주했다. 100배 성공하기로 결단하
고 무조건 목표로 향했다. 코로나로 모두 잃었으니 코로나로 100
배 성장하자는 전략이었다. 타자도 칠 줄 모르는 컴맹은 오히려
무기가 되었다. 용감하게 노트북 하나 들고 온라인 세상으로 이
주했다. 그리고 닥치는 대로 배우고 실행하고 경제적 성장까지
끌어올렸다. 옆집 이웃에게 배우고 뒷집 이웃에게 가르치는 세
상 아닌가! 경험이 돈이 되는 세상! '역사 이래 가장 돈 벌기 쉬운
때'라고 하는 패러다임에 동석했다. 모두가 간절히 원하는 목표
와 같지 않은가! 돈 벌기 가장 쉬운 때!

지난날을 돌아보고 '가장 가슴 뛰는 일'과 '가장 하고 싶은 일',
두 가지를 골랐다. 그리고 새벽 1시 반에 일어나서 오후 6시에 취
침하는 괴물이 되었다. 그것밖에 길이 없었다. 하루를 이틀로도

모자라 3일로 사는 습관을 선택했다. 어차피 걸려 오는 전화도, 만나자는 사람도 없었다. 3년간 단 한 번도 원씽에 해당되지 않는 외출은 없었다. 단연코 지금도 마찬가지다.

어려운가? 힘든 일이 있는가? 자신이 마음에 드는가? 사는 게 그리 행복하지 않은가? 어떤 이유라도 좋다. 완벽하게 마음에 드는 사랑하는 사람으로 자신을 새롭게 태어나게 할 수 있다. 나이 불문이다. 스펙, 경제력, 미모 등 아무것도 필요 없다. 딱 하나! 이 것만 가지고 시작하면 된다. 그것은 다름 아닌 '죽을 만큼 간절한 열정'이다. 이것이 가슴에서 출렁거리고 곧 폭발할 것 같다면 다 된 것이나 마찬가지다. 이제 속상할 일은 더 이상 없다. 앞으로 가슴 뛰고 벅차게 성장할 일만 만나게 될 것이다. 설사 가는 길에 '어려움'을 만나도 그것은 문제가 되지 않는다. 저절로.

『나는 100세까지 섹시하게 살기로 했다』이 책의 마지막 장을 덮게 될 당신은 무수히 많은 도구가 이미 당신 안에서 일할 준비를 마치고 주인님을 기다리고 있다는 것을 알게 될 것이다. 이 책의 목표는 당신이 별이 되기 바로 전, 3분 동안 우주에서 가장 행복하고 감사한 마음의 주인공이 되는 것이다. 모두가 가고 싶지 않은 그곳, 요양원은 우리의 마지막이 아니다! 어느 병원 입원실도 물론 아니다! 그뿐인가! 목표까지 가는 여행길에 차고 넘치는 감사와 행복으로, 순간순간 찬란한 마음의 주인공으로 그 길을 가게 될 것이다. 기꺼이 행복하게.

이것이 무엇인가 하면, 당신은 세상을 위하여 당신의 모든 것을 다해 사랑하고 감사하며 살아가게 된 것이라는 것이다. 이미 시작되었다. 확신한다. 경험하고 이룬 것만 말하고 있다. 이미 그렇게 살고 있기 때문이다. 우리는 사랑받기 위해 태어난 것이 맞다. 대단히 옳은 이야기이다. 걱정할 것 없다. 방법을 목차에 순서대로 나열해 놓았다. 그대로 따라 하며 실행하면 된다. 어렵다고 잘못했다고 걱정할 것은 전혀 없다. 당신과 나는 그저 될 때까지 포기하지 않고 목표를 완성하면 되는 것이다. 포기란 죽을 때, 딱 한 번 말할 수 있는 '일회용 단어'이다. 매일 매 순간 중얼거려라! '하면 되지! 될 때까지!'

축하한다! 두 팔 벌려 환영한다. 바로 줄을 서라. 지금 바로 줄을 이어 서라!

'나는 100세까지 섹시하게 살기로 했다' 1번이다.

당신은 한참 뒷번호일 수 있다. 결단하라 그리고 실행하라!

여기서 알려 주는

'노후의 새로운 패러다임, 셀프탄생'은 누구에게나 좋다. 당신
도 거기에 해당될 수 있다.

건투를 빈다.

그런데, 당신은 어떤 사람인가?

곧 만나게 될 당신에게,
2023년 11월 26일 오섬건강마을에서

Chapter 1

세상을 위한 마음,
노후의 새로운 패러다임

돈이 얼마큼 필요할까?

　항상 돈에 대한 걱정을 하며 살아왔다고 해도 과언이 아니다. 돈이 얼마나 필요했든 간에 질문에 대한 답은 늘 이루어졌다. 지금, 이 순간에도 질문은 계속되고 있지만 모두 미래형일 뿐 과거의 질문은 모두 다 해결되었다. 그러니 돈 걱정은 안 해도 되는 것이었다. 애초부터.

　'돈'과 '성공'은 이 시대의 최다 아우성치는 썸네일 주제이다. 책이나 SNS에 돈을 빠르고 쉽게 벌 수 있다고 적으면, 그래서 초고속으로 성공할 수 있다고만 하면 남녀노소 불문하고 모여든다. 이것들은 우리 모두의 시선을 끌어당긴다. 당연하다. 돈이 있어야 하고 싶은 일을 할 수 있고, 지켜야 하는 일을 해낼 수 있다.

성공해야 신용과 명예가 허락되는 사회이다. 조금 더 들여다보면 'give and take'에서 'take and give'로 바뀌었기 때문인지도 모른다.

'부'는 우리가 원하는 모든 가치를 가능하게 한다는 뜻으로 현시대의 가장 뜨거운 목표이다. 자신과 가족을 지킬 수 있다는 이유로 '의무'이고 '자유'라고도 말한다. '마음'이 있어도 '부'가 받쳐주지 못하면 아무 소용없다는 설명에 안타깝게도 이견이 없다. 운전면허도 공부해야 하는 것처럼 '부'를 얻는 것 또한 공부해야 한다는 것을 60년이 넘어서야 알아차린 처지다. 그래도 이것만큼은 돈도 성공도 소용없다고 강하게 부정하고 싶은 것이 있다. 바로 '죽음'이다.

1981년에 결혼하면서 지금까지 110만 진료 현장을 돕고 이끄는 간호조무사로 일해 왔다. 출판인이기도 하면서 대한민국 유니폼 1위 업체 대표이기도 했다. 다른 여러 가지 일을 하면서도 진료 현장을 놓지 못한 이유는 남편이 의사이기도 하고 한의사이기 때문이다. 가정의학과 전문의로 한의사가 된 대한민국 복수면허 1호다. 의사로는 40년, 한의사로는 20년째다. 얼마나 많은 다양한 치료를 경험했겠는가! 가장 가슴 뛰는 일이다. 아픈 사람만 보면 괜찮은 사람이 되는 자신을 기특해 하며 40년 동안 사람이 태어나고 떠나는 모든 과정을 거의 경험했다.

바로 여기에서 돈으로 안 되는 것에 대한 성찰이 저절로 되었다. 30년 동안 동네 병원으로 한 장소에서 진료를 하다 보니 '치매'는 우리가 당연히 해결해야 하는 문제였다. 40세에 만난 환자가 70세가 되고, 50대에 만난 분이 80대가 된 것이었다. 시간이 흘러 3대, 4대가 오는 병원이 되었다. '치매'와 '암'은 늘 연구 대상인 것이 당연했다. 게다가 10년간 겪은 재난의 터널 속에서 '암을 이겨 낸 치매 명의'가 되었다. 재해가 아닌 축복의 주인공이 되었다. 덕분으로 치매 환자도 암 환자도 정성껏 치료하고 있다.

아무리 화려하게 성공한 사람이라도 마지막은 허무했다. 불행했다. 선택할 수도 없고 자신이 어떤 상황인지 알지도 못했다. 암은 차라리 낫다. 모든 것을 자신이 결정할 수 있으니까. 치매 명의로 알려지면서 얼마나 안타까운 일을 많이 겪었는지 모른다. 마음을 주지 않고 치료에 임할 것이라고 백 번 결심해도 치매 어른만 보면 안아 주고 싶은 이 마음은 도대체 뭘까?

반복되고 다양한 경험을 할수록 이런 의문이 올라왔다.

'왜? 노후에는 다 슬플까?

'왜? 노후에는 다 아플까?

'왜? 노후에는 모두가 자녀들의 짐이 될까?

'왜? 노후에는 활동할 수 없을까?

끊임없는 질문이 계속되었다. '왜?'라는 의문이 계속되면서 자신도 모르게 '어떻게'로 바꾼 질문을 하고 있었다.

'노후에 이 모든 것을 하지 않아도 되는 방법이 없을까?

노후의 새로운 패러다임은 이렇게 시작되었다. 모든 것을 잃고 난 후, 반드시 더 크게 성공해야겠다는 결단을 했던 그날 즈음이었다. 일어나자마자 스마트폰을 집어 들고 저절로 뜨는 영상을 보는 것이 일과의 시작이었다. 세상이 어떻게 빠르게 변하고 있는지, 어떻게 하면 더 크게 성공할 수 있는지에 대한 열망이었다. 세상은 그런 나에게 그대로 드러내 보여 주고 있었다. 언택트, 온택트 시대이기에 가능했다. 나락으로 떨어진 없는 자에게 건네는 무한 무료 정보 제공은 그야말로 기적이었다.

그날도 기적은 어김없이 다가왔다. 101세 철학자 김형석 교수님의 강의였다. 기가 막혔다. 멋지고 고급지고 아름다웠다. 살짝 섞인 이북 사투리가 마치 큰 오마니를 만난 듯 기쁘고 감미로웠다. 최고의 멘토를 만나 신이 난 김에 40분 넘는 강의를 맛있게 먹고 스마트폰을 다음으로 쓱 올렸다. 집에서 만든 것 같은 작은 영상이었다. 얼마 전 한쪽 눈 시력을 완전히 잃었고 다른 한쪽 눈도 희미하게 보여 더 이상 칼럼을 쓸 수 없다고 말씀하셨다. 손자를 설득해 회사를 차리게 하시고 영상으로 전한다는 정신과 박사 이근후 교수님의 첫 영상이었다. 곧 90세가 되시는 청노년의 주인공이셨다.

두 분 영상에서 기발한 영감이 떠올랐다. 사라지기 전에 받아 적어야 했다. 곧바로 엎드렸다. 자다가도 떠오르는 생각을 적자는 마음으로 늘 이불 옆에는 종이와 펜을 두었다. 그대로 써 봤다.

'100세까지 돈 버는 책쓰기 브랜딩으로 영향력 있는 작가, 강사, 1인 기업가'

두 분이 그대로 실천하고 계시지 않는가! 바로 이것이었다! 아프면 가야 하는 '요양원'에 가지 않고 100세까지 영향력 있게 살아 내는 방법! 두 분이 바로 그 주인공이셨다. 찾았다! 건강하기만 하면 다 할 수 있는 100세 시대! 100세 활동가로 사는 최고의 방법!

60년을 살아온
나 자신의 모습은 충분했다

　이 사람의 이야기를 시작하겠다. 당신도 시작하라. 남편은 올
해 69세이다. 우리 부부는 42년 전 마이너스 700만 원 은행 빚으
로 출발했다. 성악과 4학년 졸업반, 의과대학 본과 4학년이었다.
의사 국가고시 4개월을 앞두고 용감하게 결혼을 강행했다. 시간
을 절약하자는 전략이었다. 아무 계획 없이 시작했기 때문에 앞
만 보고 달려야 했다. 30대에 모든 것을 이뤘다. 노력한 끝에 마
음만 먹으면 하고 싶은 것은 다 할 수 있게 되었다. 그것이 성공
의 끝이라고 생각했다.

　하지만 죽을 때까지 잘살 것 같았던 우리 부부에게 상상도 못

할 큰 위기가 왔다. 인과응보라는 말을 믿을 수 없을 만큼 말도 안 되는 사건이 일어났다. 사람을 잘못 만난 것이다. 모든 것을 동원해서라도 풀어야 할 상상할 수 없는 끔찍한 사건이 일어났다. '진실'을 지키기 위해 모든 것을 걸었다. 다행히 바로잡았지만, 진실의 끝은 허망했다. 돈도 사람도 모두 잃었다. 다시 시작해야만 했다.

올해가 10년째다. 처음은 '인간 재해'로부터 시작되었다. 송사한 건만 해도 집안이 망한다는 말이 있다. 전혀 경험해 보지 않은 일이고 주위에 이런 일을 겪은 사람도 없었다. 절대 당할 수 없는 사실이었다. 민사 5건, 형사 3건을 바로잡고, 그로 인해 '건강 재해'가 시작되었다. 마음 약한 남편이 위암이라는 것이었다. 남편은 위 3분의 2를 잘라 내는 위암 수술도 이겨 냈다. 그러나 그 끝에는 누구도 감당 못할 '자연재해' COVID-19가 기다리고 있을 줄이야!

인간 재해도 건강 재해도 이겨 냈지만, 자연재해만큼은 견딜 수 있는 것이 아니었다. 두 손 들고 무릎을 꿇었다. 아찔한 큰 사건으로 연이은 위기는 10년간 계속되었지만, 지금은 다시 시작한 지 3년째로 급성장 중이다. 계속되는 위기로 곧 죽을 것 같았지만, 지금은 상상하지 못한 기적 같은 성장으로 죽을 때까지 행복해질 성공 가도를 달리고 있다. 하루하루가 기적이다.

남편은 가정의학과 전문의로서 하루 300명에서 600명까지 다양한 질병을 치료한 의사다. 난치병까지 깊숙이 파고드는 치매 명의였고 거기다 암까지 이겨 낸 의사 한의사로 진료에 임하고 있다. 이 사람 또한 남편을 돕는 진료 현장은 오늘도 계속되고 있다. 복수 면허자답게 병을 보는 시각이 다른 치료법으로 여전히 연구 치료 중이다. 병원 운영을 도우며 아내로서 엄마로서 최선을 다하고 있다. 23년 차 출판사 발행인이기도 하다. 100세 라이프 디자이너로 스스로 다시 태어나고 성장하는 셀프탄생을 완성했다. 100세 활동가들과 함께 성장 중이다.

위기는 파도처럼 이어 온다

위기는 '새로운 또 하나의 기회'이다. 이 사람에게는 더구나 꼭 그래야 했다. 다른 생각은 할 수 없었다. 오로지 더 크게 더 높게 더 넓게 다시 태어나기로 결단했다. 지나온 자신으로는 도저히 할 수 없는 일이었다.

목표를 정하고 스스로 새로운 탄생을 결정했다. 그리고 먼저 시작하고 나중에 완벽해지기로 했다. 목표를 향해 열정으로 단단히 무장하고 앞만 보고 달렸다. 목표를 달성하고 성공한 우리 부부를 상상하며 끈기 있게 될 때까지 하고 또 했다.

오늘도 진지한 마음으로 추월차선을 맹렬히 진정성 있게 달리는 중이다.

모든 것은 정공으로 뚫는다. 반드시 세상을 위한 위대한 일로 성공한다고 굳게 믿고, 오로지 하루에 해야 할 일은 반드시 한다. 하루하루만 잘살면 성공이다.

'이만하면 됐어'가 문제였다

지난 시간을 곰곰이 돌아보았다. 자신이 누구였는지, 어떤 사람이었지, 무엇을 했는지 하나하나 짚어 가면서 문제의 원인을 찾아 나섰다. 돌아보면 볼수록 눈물 나는 후회가 한두 가지가 아니었다. 하지만 너무나 훌륭했고 잘살아왔다는 흔적이 대부분이었다. 그 마음만 선택했다. 자랑스럽기까지 하고, 대견하고, 가슴 떨리는 지난 시간이 몰려왔다. 다시 가슴이 뛰기 시작했다. 살아 있다는 가능성에 대하여 무한한 감사함이 가득 차올랐다.

만나지는 것마다 좋다고 생각되면 결정하고 바로 실행하는 젊은이였다. 그렇게 하니 계속 도전하는 일마다 성공이었다. 무엇보다 결혼할 때 시아버님께 약속한 키 3개가 해결되고는 숙제를 마쳤다는 해방감에 더없이 행복한 시간을 보냈다. 아버님 소원대로 병원, 아파트, 자동차 약속을 모두 지켜 냈다. 아들도 둘을 낳았으니 더 이상 부족한 것이 없었다. 병원은 남편이 편입한 한의대 공부를 하는 중에도 성황리에 운영되었다. 오후 5시쯤 수업을 마치고 돌아오면 기다리는 환자가 매일 백 명이 넘었다. 2시간에 걸친 진료를 마치고 돌아오면 책상에 앉아 밤샘하는 나이든 학생이 그저 고맙기만 했다. 가장 행복했던 순간은 그때였다. 목표를 향해 노력하는 그 순간.

영원할 것 같았던 꿈같은 시간은 목표를 달성한 후 더 이상의 목표가 없다고 안심함으로써 사라졌다. 틀림없는 사실이다. 작은 성공으로 '돈은 항상 들어온다'라는 잘못된 신념을 가지게 되었다. 게다가 '그냥 이 정도면 됐어'라는 성장에 마침표를 찍는 큰 잘못을 저지른 것이다. 그것이 얼마나 엄청난 잘못인지를 이제야 깨닫게 되었다. 절대 해서는 안 되는 말이었다.

생각대로 된다는 거, 말하는 대로 된다는 것이 삶의 진리인 줄 알게 되었다. 지금은 그런 생각도, 그런 말도 하면 안 되는 이유를 너무나 잘 알고 있다. 모두 잃고 나니 반드시 지키고 살아야 할 성공의 원칙인 것을 깨달았다.

'이만하면 됐어'가 얼마나 어마어마한 마감의 말이란 말인가!
'더 이상 성장하지 않겠어! 더 이상 돈은 필요 없어!'라는 주문의
말 아닌가!

목표가 없는 자는 떠날 수가 없다

'앞으로 계획이 뭐야?', '꿈이 뭐야?', '무슨 목표를 가지고 있는데?'라는 질문을 받아 본 적이 있을 것이다. 뭐라고 대답했는지 몹시 궁금하다. 이것은 아주 중요한 질문이다. 무조건 답해야 한다. 쑥스러워서 혹은 당황해서 꾸물대거나 궁여지책으로 없다고 말하지 말고 일단 뭐라도 대답해야 하는 아주 중요한 질문이다. 왜냐하면 온 우주가 듣고 있기 때문이다.

대답하라! 절대 이루어질 것 같지 않은 높은 목표로, 상상할 수 없는 꿈으로!

서울서 떠나기로 한 사람이 있다. 어디로 가는지 목적지가 없다면 어떻게 떠날 수 있겠는가! 바로 그런 말이다. 목표가 없는 자는 떠나는 것 자체가 불가능하다. 여기저기 발 가는 대로 가는 게 목표라고 하자. 당신 같으면 그런 사람과 같이할 수 있겠나? 목표가 없는 사람과 무슨 대화를 나눌 것인가!

결단하는 순간 기적이 시작된다

다시 시작해야 하는 이 사람은 이제는 더 이상 '그냥'이 아니었다. 더 크고 더 높고 더, 더, 더 행복하게 목표를 잡기로 했다. 하나씩 채워 가면서 더욱더 행복하기로 했다. 죽는 그날까지. 너무 처참하고 어이없이 당하고 잃은 것에 대하여 아프고 분한 마음을 대신해서 더없이 행복한 마음으로 최고로 자신을 사랑해 주기로 결단했다. 그것 이외에 다른 것은 하나도 중요하지 않았다. 다시 시작할 수 있는 것이 축복이고 기적이었다. 누가 가던 길을 멈추고 처음부터 다시 시작할 수 있겠는가? 하고 싶다고 할 수 있는 일은 아니었다. 가던 길을 멈추고 처음부터 다시 시작해야 하는 것이 어디 쉬운 일이겠는가!

그렇지만 할 수 있었다. 경험하는 것마다 신기하고 경이로웠다. 스스로 새롭게 탄생했기 때문에 새로 시작할 수 있다. 방법은 간단했다. 목표를 단단히 결정하고 그곳으로 떠나면 된다. 결단하면 된다. 목표를 정하는 순간 자신도 모르게 이미 목표를 향해서 한 발자국 내딛게 된다. 결단이 바로 시작이다.

나를 알아야 세상도 있다

생각나는 대로, 하고 싶은 대로 하고 살았다. 자신 있게 살아왔다는 뜻이기도 하지만 조금 더 깊이 생각해 보면 아무것도 모르면서 자신감이 있었다는 위험한 생각이다. 차라리 '나는 모른다'에서 출발했다면 겸손한 마음으로 '배움'을 택했을 것이다.

돌아보면 초등학교 때는 겸손했다. 조용하고 말 없는 아이로 모든 것을 조용히 받아들이는 신중한 편이었다. 생각은 있었어도 표현하지 않았다. 6학년이 되면서 갑자기 활발한 성격이 표출되었다. 중학교 1학년에 반장을 맡으면서 행동형으로 돌변한 것이었다.

활발하고 책임 있는 인격체로 발전하게 된 사건이 있었다. 존경하며 따르던 담임선생님께서 교직에서 물러나는 일이 생겼다. 교사로서 학원 선생을 겸직한 것으로 사회적 이슈가 되는 큰일이었다.

반 전원을 운동장에 앉히고 시위하는 일을 만들었다. 그때부터 용사가 되었던 것 같다. 중학교 3년 내내 교지를 발간하는 일을 했으니 확실한 행동파로 굳혀졌다. 이것을 계기로 합창대회 1등, 지휘 1등, 성악 콩쿠르 2등, 적십자회장에 이어 음악대학 학생회장까지 강력한 리더십과 책임감으로 똘똘 뭉쳐 겁나는 것이 없는 '돌격 앞으로'가 된 것이다. '부족함'의 의미는 전혀 의식하지 못한 채. 안다는 것이 얼마나 위험한 일인가.

부모의 반대에도 무릅쓰고 마이너스 700만 원 융자금으로 결혼을 강행하고 가정을 이끌어 갔다. 7년 만에 모든 목표를 달성했다. 될 때까지 노력하는 습관으로 병원 개업, 아파트, 자동차, 약속한 것을 모두 지켰다. 그것도 최상급으로. 그러니 늘 자신감에 차 있는 종횡무진 용사였다. 새로운 것에 대한 두려움은 전혀 없었다. 무엇이든 노력하고 집중하면 원하는 대로 이뤄지는 세상이 너무 신나고 재미있었다. 실패도 아픔도 모르는 단어였다.

모든 것을 다 잃고야 자신을 이렇게 정리했다.

'태어난 지 3개월밖에 안 된 강아지가 광화문 네거리를 철모르고 활보하며 살았는데 60년 동안 교통사고 한 번 안 일어났다고! 우주에서 보니 그냥 놔뒀다가는 더 큰 사고로 다시는 복구가 안 될 것이라고 판단해서 계획한 일이라고! 강아지 인생에 개입해 보자고, 60년을 모두 삭제하기로 했다고!'

처음부터 다시 시작해야 하는 일은 우주에서 계획된 일이라고 정리하게 되었다.

진정으로 자신이 어떤 사람인지를 알아야 한다. 숙제해야 하는데 자신이 무엇을 모르면 되겠는가! 부족한 것은 채우고, 없는 것은 배워야 한다. 그 길만이 다시 일어서서 더 훌륭한 지구인으로 살아갈 수 있게 되는 것이다. 배움은 죽을 때까지 계속된다. 완성되기 위해서.

'내가 사랑하는 나'는 진정 누구인가?

어떤 사람이 되고 싶은가? 아직 우리는 미완성이다. 절대 늦은 것은 없다. 싹 다 바꿀 수 있다. 그러니 상상하라! 어떤 자신을 꿈꾸며 사랑하는지를! 많은 사람에게 도움이 되는 사람으로 살고 싶은가? 자신의 어떤 모습을 가장 사랑하는가?

다른 사람을 의식하고 신경 쓸 시간이 없다. 자신에게 집중할 시간만으로도 부족하다. 턱없이 모자란다. 이제부터 시작이다. 반드시 마지막 그날까지 감사한 마음으로 행복하게 살아야 한다. 그것이 목표이다.

지난 시간이나 자신의 처지를 불쌍하게 여기는 '자기 연민'은 쓸모없는 생각이다. 성장뿐 아니라 정신적 건강에도 전혀 도움이 되지 않는다. 그것은 100세까지 섹시하게 사는 데 있어서 가장 나쁜 설정이다. 그러니 자신 안에 있는 모든 안타까운 것을 좋은 마음으로 승화시켜야 한다. 더 이상 안쓰럽고 불쌍하고 가여운 마음을 갖지 않겠다고 결단하라. 그런 아픈 마음은 오로지 반복의 아픔을 가져올 뿐이다. 절대로 그렇다. 자신을 안타까워하는 마음은 더 안타까운 일을 가져온다는 것을 잊지 마라. 끝내라.

자! 이제 사랑스러운 자신을 떠올려보자! 자신과 희망에 가득 찬 모습을 기억해 보자. 반드시 과거의 자신에서 찾을 수 있다. 새로운 자신을 찾아도 좋겠지만 지금까지 깊이 사랑한 자기 모습이 있을 것이다. 그 모습을 더 성장시키고 완성하기로 하자. 사랑할 수밖에 없는 아름다운 나를.

모든 것은 떠났어도
해와 달과 별은 언제나 곁에 있다

쉴 곳이 있는가? 어디라도 좋다. 당신에게는 지친 몸과 마음을 편하게 안아 줄 곳이 있는가?

절망에서 겨우 빠져나와 살아 봐야겠다고, 힘내야겠다고 결단하게 한 것은 '나의 조국'이었다. 나라가 있다는 것이 얼마나 고마운지를 처음 경험한 순간이었다. 학교 교육에서 사회가 그리 외치던 '나의 조국'을 모든 것을 잃은 순간에야 만나게 되었다. 모든 고통과 시련을 정리하고 다시 시작할 기회를 준 은인은 '나의 조국'뿐이었다.

경험해 보지 않은 일이 인생 최대의 사건으로 왔으니 그 막막함은 이루 말할 수 없었다. 그러나 절망만 할 수 없었다. 간절한 마음으로 기도하며 울면서 잠자리에 들 수밖에 없었다. 잠에서 깨면서도 눈물에 젖어 있는 자신을 만나게 되었다. 울면서 아침을 시작하던 때였다. 그날은 깨는 순간 오른쪽 귀에 생생하게 말하는 소리가 들렸다. 분명 50대 여자의 다급하고 날카로운 목소리였다. '회생해! 회생! 회생해야 해!'

깜짝 놀라 깬 그날, 해답이 있는 곳을 향해 떠나는 첫날이 되었다. 며칠이 지나고 오래전부터 함께 살자는 제안을 주셨던 지인이 찾아왔다. 남편이 작년에 하늘나라로 가셨다며 지금이라도 함께 살고 싶다고 했다. 평창이었다. 사랑하는 강원도였다. 항암하지 않으면서 암을 이겨 내려 죽지 않고 살아 냈던 곳, 오대산 진부 옆 동네. 가고 싶었지만 형편이 되지 않는다고 상황을 그대로 알려 드렸더니 '그런 것은 문제가 되지 않는다'는 답을 받았다. 갈 곳 없는 그런 상황인데 말이다.

안방에 누우면 그대로 달과 별이 보인다. 3년간 신세를 지고 있다. 슈퍼어게인을 하기 위해 아무 말 없이 묵묵히 목표만 보고 살아왔다. 스스로 '고립'을 선택한 것인지도 모르지만, 그 어떤 활동도 목표를 방해할 뿐이라고 판단했다. 1초라도 아끼고 몰입해야 했다. 더 큰 성장을 위해서만 주어진 시간을 활용해야 했다. 그 시간 달과 별과 해는 변함없이 언제나 곁에 있어 줬다. 과분하고도 충분했다.

보이지 않는 세상까지 함께하다

형편없이 나락으로 떨어져 봤을까? 도무지 연결되지 않는 생각이 자꾸 올라왔다. 아직도 이해되지 않지만, 자꾸만 돌아가신 아버지 무덤이라도 파고 싶다는 괴상한 생각이 떠올랐다. 그냥 생각뿐인 그런 거였다. 지우고 머리를 흔들어도 대책 없이 힘들 때마다 아버지 무덤 생각이 나곤 했다.

1959년 서울 장충동에서 태어났을 때부터 아버지는 없었다. 차차 자라면서 살아 계신 아버지의 부재에 대하여 알게 되었지만, 그때가 언제였는지 기억하지 못한다. 우리 남매를 혼자 키우신 엄마의 엄격한 책임하에 우리 가정은 모자람이 없었다. 훌륭하신 엄마 덕에 하고 싶은 일은 거의 다 할 수 있었다. 아마도 간절한 마음이 생전에 함께 살아 보지도 못한 아버지 무덤으로 표현된 것이라고 생각하기로 했다.

이렇게 일생일대의 위기는 보이지 않는 세상까지 보게 하는 힘을 주었다. 보이는 세상은 보이는 대로 배운 대로 살아 내면 된다. 보이지 않는 세상을 알게 된 것은 여러 가지 경험으로 저절로 알게 되었다. 영화나 드라마 같은 삶 속에서 본 대로 어렴풋이 알고 있었다. 그런 와중에 이번 세 가지 재해로 인해 더 확실하게 알게 되었다. 보이지 않는 세계가 더 무섭다는 것을. 보이거나 보이지 않거나 밝고 옳은 곳을 향해 가면 된다는 것을 뼈저리게 알게 되었다. 더 무서운 보이지 않는 세상에 대하여.

마지막 그 순간을 위하여

우리는 무엇을 위해 사는가? 왜 사는가? 자신에게 심각하게 물었다. 신중한 답을 얻어 내야 했다. 구사일생으로 살아난 기회이므로 이번에는 잘살아야 한다는 무거운 책임이었다. 허락된 너무나 소중한 삶이므로. 환갑 나이면 생을 거의 다 살았다고 하는데 다시 시작할 수 있는 기회가 감사하고 감사했다. 나이 칠십에 이런 일을 당했다면 어쩔 뻔했는가! 끔찍했다. 절대 생각조차 할수 없는 일이었다. 또 앞으로는 비슷한 일도, 아니 아주 비교할수 없을 만큼 작은 일도 일어나서는 안 되었다.

우리는 지금 왜 살고 있는가? 무엇을 위해 사는가? 묻고 또 묻자 대답했다. 마지막 순간까지 행복하기 위해 살고 있다는 답을 들었다. 그렇다! 마지막 순간에 정말 잘살았다고, 잘했다고, 스스로 칭찬하고 축하하며 하늘의 별이 되고 싶다. 진정 그렇지 않은가! 남아 있는 시간도 부족한데 후회할 인생을 살았다면 그것처럼 안타까운 일이 어디 있겠는가! 그보다 억울한 일이 어디 있겠는가! 아무것도 하지 못하고 떠나야 한다면.

지금은 너무 좋은 때다. 아직 기회가 남아 있으니 얼마나 감사한 일인가! 종일 앉았다 서성거렸다 하면서 생각하고 또 생각했다. 무엇을 위해 살 것인가! 지나온 시간이 남은 시간보다 두 배나 더 길었다. 그것도 무척 건강하다고 전제했을 때 비교할 수 있는 수치다. 남아 있는 시간을 건강하고 굳건하고 힘차게 살아 내야 한다. 더 이상 실수하면 안 된다. 그 어느 것에도.

당신은 무엇을 위해 살고 있나? 다시 묻고 싶다. 왜 사는가?

혼자 가면 빨리 가고, 함께 가면 멀리 간다

어려운 처지가 이왕 뛰는 것, 함께 뛰자는 생각을 하게 했다. 온라인 세상을 열고 들어가 보니 모든 것을 잃고 실패한 경험도 훌륭한 콘텐츠가 되었다. 경험이 돈이 되는 세상이었다. 모든 마케팅에는 스토리가 중요했다. 스토리텔링 홍보로 경제력을 키우는 세상이었다. 어떤 상품이든 상품의 스토리가 홍보를 대신했다. 입소문은 막으려야 막을 수 없는 자동 홍보 수단이었다. 얼마나 내게 많은 스토리가 있는지, 꺼내는 것마다 콘텐츠가 되었다. 강의를 열고 겪은 일을 이야기하자 선한 영향력을 실행할 수 있는 강사가 되었다.

배우지 않고 경험한 것만으로 충분했다. 오히려 배우지 않은 것이 좋았다. 강의를 '수다 강의'라고 자청했다. 이야기하듯 알려 주니 쏙쏙 들어온다고 좋아했다. 매일 새벽 5시에 ZOOM을 켜고 수다 강의를 펼쳤다. 이것을 시작으로 독서 프로그램 내 마음, 꿈꾸는, 나 홀로 비즈니스 성공(나비성) 하우투클라스를 운영하고 있다. 딱따라 책쓰기 비법을 발명하여 딱따라 책쓰기 클라스에서 신인 작가 탄생을 돕고 있다. 스마트 스토어 수업과 디지털 노마드 수업도 진행하며, 노후에 디지털 노마드 12 N잡러 되기를 안내하고 있다. 4년 차다. 인스타, 블로그, 유튜브, 틱톡 숏폼 수업을 통해 SNS 활동가가 될 때까지 돕고 있다. 못할 것이 없다!

'배우면서 일하고 일하면서 배운다!'

대산 신용호 창립자님께서 가르쳐 주셨다. 정인영 저자의 『길이 없으면 길을 만들며 간다』에 나오는 내용으로, 세계 최초로 교육보험을 창안한 기업가 대산 신용호 창립자님의 말씀이다.

함께한 시간이 콘텐츠가 되고 스토리가 되어 멀리 여기까지 오게 되었다. 수다 끝에 강의가 하나씩 정리가 되고 수강생의 인생이 바뀌기 시작했다. 경험을 이야기로 써내고 깨달은 명언을 삶의 공식으로 정리해 2022년 6월에 첫 책을 출간하게 되었다. '꿈을 이루게 하는 삶의 공식'이라는 제목으로.

혼자 가면 빨리 가고, 함께 가면 멀리 간다고 하지 않던가! 멀리 왔다. '삶의 공식'을 출간하고 조선일보 톱클래스의 '최원교의 마음 세우기' 칼럼 한 코너를 맡게 되었다. 과분한 초대였다. 기적이라고 하는 것이 맞다. 2000년도에 '시와 시학사'를 남모르게 후원하다 어려워진 출판사 사정으로 본의 아니게 떠맡게 되었다. 23년 동안 400여 권의 책을 출간하면서 독서도 글도 써 본 일도 없었다. 병원 운영과 유니폼 사업하던 경험만으로 출판사를 경영하는 처지였다. 출판에 대해서는 전혀 모르는 문외한이었다.

함께 가니 정말 멀리 가게 되었다. 더 멀리 상상조차 할 수 없는 일들이 보이진 않지만 줄을 서고 있는 것임에 틀림없다. 전공은 음악대학 성악과, 경력은 패션 제조 납품업 20년, 출판업 23년이 전부이다. 인기 칼럼이라고 칭찬해 주시는 응원 덕분에 무지하면 용감함을 실천 중이다. 성장 중이다.

이제 당신 차례다

긴 나의 이야기를 읽고 있는 당신이 매우 궁금하다. 당신은 어떤 사람인가? 어떤 생각을 하는 사람인가? 무엇을 간절히 원하고 있는가? 마음을 다해 묻고 싶다. 당신이 지금의 당신을 맘에 들어 하는지, 얼마나 사랑하는지, 당신이 무엇을 원하고 있는지를. 당신의 꿈이 궁금하다, 아주 많이.

진정으로 이야기하고 싶다. 당신이 누구이든 당신이 무엇을 원하든 당신은 무엇이든 다 할 수 있다. 정말이다. 믿어도 된다. 자기 계발의 그루, 밥 프록터의 『부의 확신』을 찬찬히 읽어 보길 바란다. 당신은 뭐든지 할 수 있다고 설명하고 증명하고 예를 들고 또 확신이 들도록 자세하고 친절하게 쓰여 있다. 할 수 있다고 믿기만 하면, 무한대로 상상의 꿈을 확장해도 누구나 그 꿈을 이룰 수 있다고 분명히 밥 프록터는 말했다.

이제 내가 말한다. 읽은 대로 믿고 실행하니 되었다고. 확신하고 그대로 믿고 실행하니 될 것 같지 않을 만큼 큰 꿈도 이루어졌다고. 확실하게 말한다. 이제 당신 차례다. 혼자 가면 빨리 가고 함께 가면 멀리 간다고 하지 않는가!

빨리 멀리 가자! 당신 차례다.

Chapter 2

셀프탄생,
매일 죽고 매일 섹시하게 태어나라

1. 해답을 갖고 있는 문제, 차선 변경하라

문제는 분명히 답이 있기 때문에 문제이다.
문제가 있다면 해답을 찾아야 한다.
반드시 찾고 차선을 변경하라! 바라는 대로 꿈꾸는 대로.

다시 태어난 당신에게

대학에서 학생들과 평생을 같이하는 '교수'가 되는 것이 소망이었던 분의 이야기이다. 원하는 대로 어려운 과정을 거쳐 대학의 교수가 되었다. 지금은 은퇴하셨다.

교수가 되기 위해 대학 졸업 후 대학원 그리고 독일로 유학을 다녀온 교수님은 박사 학위와 대학교수가 되고자 청춘의 시기를 치열하게 보냈다. 논문 쓰는 것은 다시는 할 일이 아니라고 손사래를 치는 사람들을 흔히 본다. 교수님은 각기 다른 주제의 논문을 20개나 쓴 분이다. 학문의 길에서 얼마나 힘들었을지 모두가 인정하는 고행자이다.

오로지 학교와 학생이 삶의 전부였던 교수님은 은퇴하기 3년 전부터 야간 신학대학에서 공부했다. 은퇴 후 목회자로 활동하기 위해서였다. 쉬운 결정은 아니었기에 조심스럽게 여쭤봤다.

"왜 목사님이에요?"

교수는 유명한 효자였다. 지극하게 사랑하는 어머님께서 독실한 불교 신자셨기에 궁금해서 드린 질문이었다. 짧은 질문의 뜻을 아시고는 나지막한 소리로 답하셨다.

"불교도 참 좋지. 불교는 사랑하는 철학이고, 겸손해지고 싶어서."

우리 주위에 얼마나 많은 교수님이 은퇴하는가. 내 나이가 그래서인지 요즘은 교수님들의 은퇴 소식을 결혼식 소식만큼이나 자주 듣는 것 같다. 교수님은 목사님으로 불러 드리기도 전에 '1인 기업가'가 되셨다는 소식을 전해 주셨다. 은퇴 이후, 아무 일도 안 하시는 분을 보면 '거기까지 가는 데 얼마나 애를 썼으며 가지고 계신 것이 귀하고 많을 텐데' 하는 안타까움으로 어찌할 바를 모르는 터였다. 교수님의 1인 기업가 출발 소식으로 무척 반가웠다.

『가슴청년, 희망을 도둑맞지 마라』로 베스트셀러 작가가 된 교수님의 신작이 출간되었다. 『1인 기업, 무엇을 어떻게 차별화할 것인가』이다. 은퇴 후 어떤 일을 시작하시는지 미래가 보인다. 학생 평가 1위 교수의 영광을 놓지 않았던 20년 동안의 학생 상담 경험도 그냥 묵히지는 않으리라 예상된다. 홍대 광고홍보학과가 대한민국 1위가 되는 데 있어서 교수님의 역할이 지대했던 만큼, 그 과정에서 얻은 성공의 콘텐츠를 어떻게 내보일지가 기대된다.

셀프탄생으로 자기 경험을, 이제는 학교가 아닌 사회에 마음껏 내놓는 그 마음이 얼마나 행복한지를 감히 공감해 본다. 전 세계 은퇴하신 학사, 석사, 박사 교수님들께 느림보 멘토 '최용주 교수'의 섹시한 노후의 새로운 패러다임을 널리 알리고 싶다. 더 많은 느림보 멘티들이 행복한 세상을 만드는, 그 세상을 위한 선한 영향력. 100세까지 섹시하게 살아갈 교수님을 응원하고 지지한다.

한 생 속에 원하는 대로 무한 생을 살아라

이번에는 반드시 100세까지 건강하게 오래 살아야 할 분의 이야기이다. 두메산골이라고 스스로 이야기하는 첩첩 산골에서 태어났다. 아직도 그 어느 곳보다 거리에 비해 도착 시간이 늦다. 교통의 최악 지역이다. 그런 시골의 40년 전을 생각해 본다. 어떻게 서울로, 그것도 의과대학 기숙사 생활을 할 수 있었는지. 참으로 놀라운 일이다.

남편의 이야기다. 사례로 들어야 하겠는데 '특수 관계법'에 해당하니 고민을 많이 했다. 하지만 이 사례보다 좋은 사례를 찾지 못했다. 그러니 객관적으로 사실만 이야기하려 한다.

아무도 뒷바라지해 주지 않는 그 독한 의대 공부를 혼자 해냈다. 과외도 학원도 없었다. 가난이 부끄럽지는 않았는데 무척 불편했다고 한다. 책 살 돈도, 복사할 돈도 턱없이 부족했다. 그 덕에 학교를 남보다 더 길게 다녀야 했고 신세를 진 선배와 친구가 셀 수 없이 많다.

'시골 촌놈이 서울 문화에 적응하기가 너무 힘들었어.' 말하지 않아도 다 알 것 같았다. 그래서 무작정 결혼을 서둘렀다. 어차피 고생할 것 함께 이겨 나가자는 전략이었다. 다행히 결혼하면서 공부에만 집중했다. "가정 경제는 아내에게 맡기고 그동안 하지 못했던 공부를 미친 듯이 했다"고 했다. 나중에 지인들과 함께 들은 고백이다.

의과대학 병원에 남는 것은 상상조차 못하는 일이었다. 졸업하자마자 개업을 결단했고 바로 개인 병원을 열었다. 대박이었다. 첫날부터 80명의 환자가 진료실을 다녀갔다. 그다음 날은 150명, 또 그다음 날 200명. 성공했다고 좋아하면서 힘든 줄 모르고 4년이 그렇게 흘렀다. 하루 300명에서 600명을 진료하는 날이 대부분이었다.

그러던 어느 날 죽을 것 같다며 병원 문을 닫겠다고 선언했다. 한의대 편입을 제안받은 의사는 일단 환자 진료를 하지 않는다는 것만으로도 살 것 같았는지 망설이다 동의했다. 가정의학과 전문의이며 한의사가 되었다. 의대 한 곳만 다녀도 청춘이 다 간다는데 마흔두 살에 아들 같은 학생들과 한의대를 다녔으니, 오래 살아야 할 것 아닌가! 투자 대비 시간과 노력 그리고 비용 면에서도 그렇다면 너무한 이야기일까? 그런 것을 떠나서 쌓은 실력이 오래도록 유용하게 세상을 위한 것이 되어야 하기에 하는 말이다.

앞에서 소개한 것처럼 한 동네에서 30년을 진료하는 병원이다 보니 치매는 당연히 우리의 해결 과제였다. 치매 명의가 되었다. 가장 자랑스럽고 기쁜 일은 인천에 사시는 할머님의 이야기다. 딸과 아들이 모시고 왔다. 휠체어를 타고 오셨는데 그날은 아무 말씀도 안 하시고 귀가하셨다. 한 달에 한 번 오시게 되어 있어, 두 번째 오시는 날이었다. 놀라운 일이 벌어졌다. 휠체어 없이 딸의 두 손을 마주 잡고 걸어오셨다. 오서서는 애창곡 18번이라며 〈섬마을 선생님〉을 불러 주셨다. 원장을 바라보는 할머님의 촉촉한 눈이 아직도 눈에 선하다.

원장한테 오래오래 건강하게 살아 달라고 부탁하시는 어른들의 말을 잘 들어야 한다. 6년 전, 세상에 더 많은 일을 하라고 설상가상으로 위암 수술을 하게 되었다. 위 3분의 2를 잘라 내고 항암을 하지 않고 암 투쟁을 했다. 이겨 냈다. 1,300고지 오대산을 매일 걸었다. 서울에서 진부가 아닌 진부에서 서울로 출근하면서 잠시라도 숲의 공기를 마셔야 했다. 세상의 발전에 어찌나 감사했는지 KTX 덕분에 1일 출퇴근도 가능했다. 간절한 만큼 세상이 원장을 돕고 있었다.

그뿐인가! 1년 만에 오대산 고지 정복을 마치고 지리산으로 갔다. 추운 겨울부터 시작한, 사계절 내내 계곡에 몸을 담그는 수련이었다. 단전까지 앉아 있기를 새벽 4시, 낮 2시, 밤 10시 하루 세 번씩 했다. 한겨울에는 얼음을 깨고 그 안에 앉아 있어야 했다. 선생님께서 들어가라 하면 들어가고, 나오라면 나오는 수련이었다. 죽어도 같이 죽어야 했기에 함께 들어가고 나오고를 반복했다. 1년 동안 단 한 번도 빠지지 않고.

불퇴전의 정신으로 죽기 살기로 사는 법을 선택했다. 죽을병도 포기하면 안 된다는 것을 증명했다. 아프면 아프지 않을 때까지 모든 방법을 동원해서 해결해 나가야 한다. 어떤 핑계도 목숨 앞에서는 허락되지 않는다. 살아야 모든 것이 허락된다. 오늘도 연구는 불퇴전이다. 암을 이겨 낸 치매 명의 '김시효 원장'의 이야기이다. 세상 모든 의사 한의사님께 100세까지 섹시하게 건강하시길 마음 낸다. 더 나은 세상을 위하여.

경험이 돈이 되는 세상이다

30년 중고 사랑 만물박사의 평범한 부인 이야기이다. 정신없이 온라인에서 시작한 새벽 강의에서 만났다. 화면을 끄고 들어오는 수강생은 받지 않겠다고 선언한 터라 새벽 5시이니 잠옷 차림도 좋다고 했다. 물론 지금도 그렇다. 그런데 6달이 지나도록 화면을 끄고 들어오는 수강생이 있었다. 오랜 시간 침묵이 흘렀다. 특별한 수강생은 마이크도 켜지 못했다. 하지만 떠 있는 화면 뒤의 나타나지 않는 주인공의 간절함만은 느낄 수 있었다. '홍윤옥'. 오직 이름만 알 수 있었다. 화면 아래 선으로 그어진 마이크와 빨간 선으로 그어진 이름이 전부였다.

하루도 결석하지 않았을 뿐더러 정확하게 5분 전에 미리 들어와 있었다. 동아줄을 잡은 나 자신과 같게 느껴졌다. 종일 지치고 힘든 하루를 보내면서 다음 날 새벽 5시를 기다리는지도 모른다고 혼자 생각했다. 모든 것을 다 내려놓으며 포기했던 꿈이 모락모락 올라오고 있는지도 모른다고 생각했다. 혼자 상상해 보면 왠지 우직하고 듬직할 것만 같은 인상이었다. 아무 정보도 없었지만 마음이 순하게 느껴지고 한없이 든든한 사람임에 틀림이 없었다.

그러던 어느 날, 나도 모르게 "이제 화면을 켜지 않으면 수업 참여가 안 된다"고 단호하게 말했다. 왜 그랬는지 모르겠다. 다만 강제로 열지 않으면 화면은 영영 열리지 못할 것 같았기 때문이다. 그다음 날 새벽! 기적이 일어났다. 상상 속에 그렸던 얼굴 그대로 소년 같은 이미지의 소녀가 방긋이 웃으며 앉아 있었다. '홍윤옥'이었다. 얼마나 반갑고 대견했는지 눈시울이 뜨거워졌다.

이젠 되었다고 한숨을 내쉬었다. 처음 세상에 얼굴을 내밀고 숨을 쉬기 시작한 것이다. 책을 읽자면 책을 읽었고 글을 쓰자면 글을 썼다. 서울서 처음으로 오프라인 모임을 하게 되었다. 그녀가 왔다. 씩씩하고 건강한 모습이었다. 대답도 미소로 하고 질문도 미소로 한다. '기분 좋은 미소'가 그녀의 블로그 닉네임이다. 이렇게 시작한 그녀의 외출은 거침없는 100세 활동가가 되었다. 알고 보니 그녀의 애마는 스쿠터였다. 출판기념회 때 재밌게 얘기하는 에피소드로 쓰였다.

"속이 답답하고 우울할 때 여러분은 어떻게 하세요?"

잔다고 하는 사람, 노래를 듣는다는 사람, 맛있는 것 먹는다는 사람 따로따로이었다.

"저는 휘하고 오토바이 타고 한 바퀴 돌아요. 돌고 나면 속이 시원해요. 스쿠터를 탑니다."

그럴 것같이 안 보였는지 강연장에 웃음소리가 가득했다.

크고 다른 야망 의자, 크다야TV를 운영하고 있었다. 출연자로 나와 당당하게 자신의 꿈을 선포하고 발표했다. 망설임은 어디에도 없었다. 작가가 되기로 결단하고 책쓰기 수업에 임했다. 백 개 EG, 백 세까지 개성상인 정신으로 E 비즈니스 프로그램에도 동참했다. 한 가지도 빠짐없이 디지털 노마드, 12 N잡러 클라스에 모두 참여했다. 그녀의 꿈은 피디였다고 한다. 우리는 그녀를 '홍 피디'라고 부른다. 평소에는 여전히 말이 없다. 그녀의 언어는 보석이고 미소이다.

30년 동안 결혼 생활하면서 남편을 돕고 있다고 했다. 책을 내면서 조금 더 알았을 뿐, 여전히 대화로는 알 수 없다. 착하고 선하며 올바른 아내로서 꼼꼼하고 깐깐하고 예민한 남편의 분위기를 잘 맞추는 '착한 부인'이라는 것 정도만 안다.

책을 쓰면서 미래 콘텐츠를 찾다 알게 되었다. 남편은 고장 난 전자제품 일체를 고쳐 주는 일을 한다고 했다. 전자제품 리폼 박사였다. 냉장고나 오디오, 전기제품뿐 아니라 컴퓨터까지 모든 고장 난 전자제품이 남편 손에 들어가면 새 것이 되어 나온다고 했다. 우리는 '유 박사님'이라고 이름을 지어 드렸다. 박사 중 박사 아닌가!

여기에 반전이 일어났다. 남편 이야기가 나오자 싱글벙글 환한 얼굴을 하며 적극적으로 자신의 이야기들을 들려줬다. 가만히 듣다 생각하니 홍 피디의 사명은 '지구 사랑'이었음을 알게 되었다. 30년간 자신도 모르게 지구 환경을 위해 노력을 해 온 것이다. 턱없는 적은 수선비를 받으며 고생해 온 것이었다. 두 부부가 한 일은 누구보다도 적극적인 '지구 사랑'이었다. 쉽게 사고 고장 나면 버려 버리는 소비 형태에서 고장 난 것을 고쳐 쓰는 소비문화의 패러다임을 지키며 중요한 역할을 해 온 것이다.

우리는 신이 났다. 치워도 치워도 표가 나지 않은 고물상의 풍경을 떠올려 보라. 아내가 얼마나 힘들고 지쳤을지를 상상해 보라. 새벽이면 남편 깰까 봐 숨소리도 못 내고 수업에 참여한 그런 그녀의 30년 고행을 생각해 보라. 오늘 이 시간에도 남편이 고쳐놓은 기계를 미소 지으며 기름 수건으로 닦고 있을 그녀를 떠올린다.

홍 피디는 '우주 사랑 챌린지'를 준비하고 있다. 집에 숨어 있는 보물 찾기이다. 그러면 쉽게 사는 습관도 바뀔 것이다. 홍 피디의 액션대로 따라 할 우리는 준비 완료다.

두 권의 공저 『어머니 당신이 희망입니다』, 『백세시대 이 콘텐츠로 갑니다』그리고『숨은 보물을 찾아라』라는 개인 책에 자신의 이야기를 담았다. 네이버 인물 등록에 소속과 경력은 '녹색 재활용'으로 당당하게 적혀 있다. 문고에서는 그녀를 수필가로 소개하고 있다. 자랑스러운 셀프탄생으로 100세 활동가로 활동 중이다. 58세로 노후 새로운 패러다임의 선두 주자이다. 섹시하게 활동하고 있다.

책은 사람을 만들고, 사람은 책을 만든다

배추밭을 좋아한 사람의 이야기다. 배추를 좋아하다 보니 '포기'는 쉬웠다. 처음 만남은 ZOOM 건강 강의에서 시작되었다. 코로나가 한창이었던 때라 건강 강의 분위기는 뜨거웠다. 가만히 들여다보니 화면 안이 어수선한 것이 이동 중으로 보였다. 질의응답을 주고받으면서 안면을 트게 되었다. 좋은 사람이라는 것을 직감적으로 알게 되었다.

무엇보다도 자신의 지난 시간을 돌아보는 '원교연혁표' 프로그램에 감동하여 여러 차례 사례 발표를 해 준 고마운 수강생이었다. 지난날을 한 해 한 해 짚어 보다 자신의 대기업 카드회사 콜센터장이었던 시간을 만나 펑펑 울었다고 했다. 후배 동료가 잘

못 한 일로 사회 이슈가 되어 책임지고 퇴사해야 하는 억울한 일을 겪었다고 울먹였다. 13년간 다닌 직장에서 짐을 꾸려 나왔으니 그 마음이 어떠했겠는가! 인생의 걸림돌은 그때부터 시작이었다.

억울한 마음에 한이 맺힌 것이다. 원수는 없었지만, 원수 갚고 보란 듯이 성공하겠다는 각오로 홧김에 투자를 하게 되었다고 한다. 그로 인해 큰 손실을 보게 되었다. 그렇다. 어려울 때는 엎친 데 덮친다고 하지 않는가! 화로 순 마음을 가리다 보면 헛것을 구분하기 어려운 감정에 쉽게 휘말리게 되는 것이다. 그 상처가 이만저만이 아니게 보였다. 경제적으로도 세 아이를 책임지는 가정을 꾸려가고 있었다. 위기는 파도처럼 온다고 하지 않는가.

그런 와중에 하늘이 무너졌다. 자신의 하늘인 어머님께서 세상을 떠나신 것이다. 어머니를 사랑하는 마음이 역력했다. 어머니께서 췌장암으로 돌아가시면서 건강의 중요함을 충분히 가르쳐주셨다. 건강 강의에 참여할 때마다. "~더라면, ~더라면" 하면서 한동안 눈시울을 적셨다. 심성이 착하고 긍정적인 천성의 소유자이다.

배움에 대한 열망 또한 누구 못지않아 항상 앞에 서곤 하여 가르치는 입장에서도 큰 힘이 되도록 기둥 역할을 해 주는 사람이었다. 그러다가도 능력을 발휘할 수 있는 중요한 역할을 맡기면 바로 배추밭으로 도망가기가 일쑤였다.

이 사람의 배추밭은 동네 병원 응급실이다. 링거를 꽂고 책 원고를 쓴 사람으로 유명하다. 새벽 5시에도 입원실에서 링거 꽂고 앉아 수업에 참여했다. 마음이야 안타깝지만, 습관을 고쳐 주기로 마음을 단단히 먹었다. 자신의 성향을 알아보는 강점5 수업에 참여시켰다. 자신의 강점을 알아 더 크게 성장시키는 테스트이다. 자신의 강점을 알고 인정하게 되자 예상대로 자신감에 속도가 붙었다. 자존감이 높아지자, 못할 것이 없다는 태도로 눈이 뜨이게 성장해 갔다. 학원 청소를 해가며 가난을 이겨 낸 훌륭한 학생이었던 그 뚝심이 발휘되기 시작한 것이다.

마지막으로 배추밭 가기에 종지부를 찍게 된 것은 피타고라스의 컬러 수비학에서였다. 피타고라스의 컬러 수비학에서 말하는 생명의 시초, 3번으로 어린아이와 같다는 결과가 모든 해답을 풀고 말았다. 아이의 맑고 착한 천진함과 창의력은 인정되나 아이와 같이 겁이 많고 두려움이 있어, 해야 할 일이 눈앞에 닥치면 어디론가 피하고 도망가고 싶은 심리를 이해한 것이다. 그것으로 되었다. 피하고 싶은 마음이 올라올 때마다 스스로 3번 작용임을 알아차리고 뛰어넘으려는 노력을 보였다.

자신을 아는 것 그다음은 조율이었다. 조율력이 뛰어나 문제가 보이면 바로 스스로 수정 노선을 탔다. 가르치고 나누고 배우는 시간이 참으로 신나고 보람 있었다. 세 가지 독서 중 내 마음 독서 수업을 맡아 진행하고 있다. 하루도 빠짐없이 책을 나침판 삼아 성장하고 있다. 포기하지 않고 모든 과정을 마쳤다. 어려워도 어려움을 행복함으로 승화시키는 '행복한 창조자'가 되었다. '책이 사람을 만들고, 사람이 책을 만든다'라는 명언의 실천자이다.

지금은 1,000일 독서에 참여 중이다. 1주일에 한 권을 읽고 토요일 새벽 4시에 서로 배우고 실행한 것을 주제로 토론한다. 참으로 행복한 시간이다. 멀리까지 함께 온 도반이다. 세 자녀도 자신의 길을 스스로 헤쳐 나가고 있다. 그들에게는 엄마가 가장 훌륭한 멘토다. 가정이 화목해지고 든든해졌다. 독서의 힘이다. 책속에 길이 있고 인생이 있다. 4년째 새벽 시간을 함께하고 있다.

하루도 거르지 않은 개근 우수생이다. 배운 것은 그대로 실행하는 실천가이다. 신체는 10년 뒤를 따라오는 후배이지만 마음 씀씀이에 있어서는 선배다.

인생에 있어서 딱 한 사람을 만나는 것이 성공이라 하지 않는가! 부족하고 실수해도 믿어 주는 사람, 같이 있지 않아도 함께하는 사람, 늘 보고 싶은 사람, 의지가 되는 사람, 언제나 내 편이 되어 주는 사람, 그런 사람을 한 사람 만나면 그 인생은 성공했다고 하지 않는가! 바로 그런 사람이다. 나의 성공에 박차를 가해 주는 귀한 인연. 배우면서 일하고, 일하면서 배우는 훌륭한 사람.

최연소 콜센터장답게 자신의 이야기를 담은 『내가 말하면 모두가 고객이 된다』를 펴냈다. 자신의 독서 성장 경험을 토대로 내 마음 독서 하우투 클라스 강사로 활동하고 있다. 또한 미래 환경 산업 '하우스키핑 메니저'로 일하며 미래 사업을 준비하고 있다. 건강 디자이너로서 공부하며 활동 중이다. 남을 위한 일이라면 앞장서는 사랑 가득 지혜로운 100세 활동가이다. 디지털 노마드, 12 N잡러로 100세까지 건강 섹시, 두뇌 섹시, 활동 섹시를 더 다지고 있다. 54세에 이미 노후의 새로운 패러다임을 실천하고 있

다. 셀프탄생을 마친 '지혜로운 건강 디자이너 오다겸' 대표에게
는 더 이상 배추밭도, 병원 응급실도 없다.

2. 절대로 요양원 가지 않는 해법, 100세 활동하라

마지막 3분에 무슨 생각을 할지 정하라

하늘의 별이 되기 전, 마지막 3분에 어떤 생각을 하고 싶은가? 당신은 무슨 생각을 할 것인가? 먼저 떠난 수많은 사람은 그 시간에 무슨 생각을 하고 떠났을까?

고백하건대 '나의 마지막 3분'은 한 점의 후회 없이 열심히 살아낸 자신을 자랑스러워하고 싶다. 원 없이 잘살았다고 고맙다고 행복하다고 나에게 말하고 싶다. 사실은 그 3분을 위하여 하루를 3일로 사는 것이다. 매일 잠자리에 들 때 이 꿈을 점검하곤 한다. '오늘 충분히 잘살았는가?'

누구나 충분하다. 다시 세우고 다시 새로운 삶으로 바꿀 수 있기 때문이다. 만일 마지막 3분을 남겨 놓고 지난 삶을 후회한다면, 그보다 더 슬픈 일이 있을까? 후회한들 바꿀 수 있는 시간이 없지 않은가!

당연한 말을 한다고 화를 낼지 모른다. 하지만 안타까운 건 이 문제를 현실적으로 느끼지 못한다는 것이다. 누구나 '마지막 3분'을 만나게 된다는 사실을 우리가 전혀 생각하지 않는다는 것이다. 더 이상 미룰 수 없는, 어쩔 수 없는 확실한 문제가 있는 순간에도 생명보다 돈만 생각하는 것을 보았다. 영원히 마지막 순간이 오지 않을 것처럼 돈만 생각한다는 사실이다. 충격적인 일이 아닐 수 없다.

오래된 환자분의 소개로 80대 부부가 오셨다. 부인은 치매 초기를 넘어 중기로 가는 중이었고, 남편은 아내를 소중하게 모시는 착한 분이었다. 많은 분을 만난 경험으로 척 보면 대충 스토리를 알 수 있다. 진료를 마치고 잘 부탁한다는 말씀을 남기고 돌아가셨다. 소개한 분의 충분한 설명으로 신뢰가 간다고, 그 댁처럼 더 나빠지지 않고 건강해졌으면 좋겠다는 말씀도 덧붙이셨다.

주말이 지나고 남편의 전화를 받았다. 손자 두 아이의 유학비를 내줘야 해서 할머니 진료를 취소해야겠다는 요청이었다. 이

럴 때 정말 치매 명의 아내가 된 것을 후회하게 된다. 내 일도 아닌데 가슴이 찢어지는 듯한 통증으로 매번 아프다. 긴 통화 끝에 다시 마음을 잡으셨다. 손자들의 유학비는 가족 모두 의논해서 해결될 수 있는 문제지만 할머니의 치매는 기다려 주지 않는다고 말씀드렸다. 이렇게 가족을 잃는 일이 다반사다. 6개월이 지나고 많이 호전되서서 함께 여행 가신다는 감사의 전화를 받았다. 그것으로 되었다.

삶의 긴 여정의 종착지는 마지막 3분의 행복이다. 물론 목표를 향해 가는 길도 무척 행복하다. 건강하고 좋아하는 일을 하면 된다. 하루하루 성장하면서.

우리는 100세까지 섹시하게 살기로 했다.
역사는 이미 시작되었고
매일 진행되는 건강한 공사는
100세 넘어 별이 되는 순간까지 멈추지 않는다.

셀프탄생으로 행복한 창조자가 되어라

"여러분, 혹시 자녀들한테 내가 지금부터 사랑해서 너를 태어나게 하려고 해, 너 태어날래? 하고 아이들한테 물어보고 아이를 낳은 분 계시나요?"

마음 세우기 수업에서 꼭 한 번 물어보는 말이다. 어이없다는 듯이 웃기도 하지만 곧 모두가 숙연해진다. 어마어마하게 중요한 자녀 탄생을 우리는 주인공에게 허락받지 않았다. 그러니 아이의 탄생에는 부모가 무조건 끝까지 책임지겠다는 약속이 이미 되어 있는 것이다.

"당신은 지금의 당신이 사랑스럽고 마음에 듭니까?"

그다음 질문이다. 표정과 고갯짓이 아니라고 말한다. 전부 아니라고 한다.

두 질문이 대부분 첫 수업 때 던지는 화두이다. 그러므로 새로 태어나야 한다는 것이 질문의 해답이다. 우리는 이 땅에 태어날 때 부모님에 의해 모든 것이 정해져 탄생하게 된다. 각자 모두가 다르다. 그리고 성장하면 학교에 가서 교육받는 대로 크게 된다. 역시 또 다르다. 사회에서 보는 대로, 느끼는 대로, 배운 대로 어른이 된다. 이대로 좋은가! 수정할 것이 없는가! 혹시 다시 시작하고 싶은 마음이 드는가!

부모가 가르쳐 주는 대로, 학교에서 교육해 주는 대로, 사회가 원하는 대로 가정에서 직장에서 우리는 의무와 책임을 다하며 열심히 여기까지 왔다. 참 많이 애썼다. 그러니 이제는 자신이 원하는 삶을 살아야 할 때다. 아이들도 독립했고 직장에서도 할 일을 다 했다면 더욱 새로 시작하기 딱 좋은 때이다. 아니 꼭 새로 태어나야 한다. 100세 시대, 100세까지 스스로 건강하고 행복한 삶을 살 수 있는 최고의 기회가 온 것이다. 이 말을 당신에게 전하고 싶어 책을 쓰기 시작했다.

노후는 포기하는 것이 아니다. 노후는 아무것도 못하는 것이 절대 아니다. 노후는 자신이 가장 좋아하는 모습으로 다시 태어날 수 있는 가장 좋은 때이다. 노후에 당연히 아플 것이라고 생각하지 말자. 아직 멀었다. 건강을 유지하면서 젊게 더욱 힘차게 살 수 있다. 당신이 생각하는 노후는 너무 먼 이야기이다. 가장 사랑하는 모습을 찾아라! 셀프탄생하기 위해서! 100세 시대이니까.

내 운명은 내가 정한다. 최고의 나로 다시 태어나고 운명 전체를 창조하자.

스스로 사랑하는 모습으로 '셀프탄생'할 때이다. 때를 놓치지 마라. 하루라도 빨리 바로.

우주와 함께하는 여행에 탑승하라

마지막 기차에 올라탔다. 생애 마지막인 듯 자신에게 집중하고 몰입해야 한다. 이런저런 핑계는 모두 삭제해야 한다. 오로지 가장 사랑하는 자신, 가장 훌륭한 자신을 꼭 만나야 한다. 경험하고 얻은 결과만 이야기하고 있다.

아침에 일어나자마자 가볍게 세수하고 양치한 후 바로 자리에 앉는다. 잠이 덜 깨도 좋고 아무 생각 없어도 좋다. 어제의 걱정거리나 기분이나 스마트폰이나 그 어느 것에도 끌려가선 안 된다. 그냥 습관이 되도록 해야 한다. 습관이란 아무 생각, 의도 없이 그냥 하는 것을 말한다. 습관이 중요하다.

가장 편한 곳을 향해 가볍고 자연스러운 자세로 앉는다. 특별히 가부좌를 튼다거나 그 이상의 자세는 필요 없다. 좋아하는 의자에 앉아도 좋다. 다만 등을 기대는 것만 삼가고 허리를 곧게 세운다. 엉덩이를 약간 뒤로 빼고 오리 궁둥이 자세로 허리를 세운다. 아랫배에 힘을 준다는 생각만으로도 등 굽는 자세를 피할 수 있다. 그대로 따라 해 보자.

눈을 지그시 감고 선언하라. 확언을 너무 장황하게 한다면 상대가 누구라도 이해하기 어려우니 되도록 간략하고 구체적인 단문으로 말하라. 가장 간절하게 원하는 것부터 말하면 된다. 길고 어려운 말은 자신도 알지 못할 것이다. 이것은 무슨 말인가 하면, 소원은 짧고 정확하게, 강하게 말하라는 것이다. 짧은 것이 강력하다. 정확한 숫자를 넣어 말하면 더욱 강력해진다. 소원은 반드시 이루어진다.

눈을 지그시 감고 허리를 곧게 펴고 기대지 않고 확언까지 했는가? 가장 먼저 알려 줄 말이 있다. 얼마큼 해야 하는가의 문제다. 처음이면 1분부터 시작해도 좋다. 편하다고 생각되면 다음 날은 2분, 그것도 가능해지면 3분, 이렇게 20분까지 늘리도록 해 보라.

30분도 10분도 다양하게 해 보았다. 20분이 가장 적당하다. 환경이 서로 다르니 자신에게 가장 적절한 시간이면 된다. 해 보면 알게 되는 일이니 1분부터 시작하라. 그냥 해 보기를 바란다.

하늘도 감동하게 하라는 옛말이 있다. 우리 조상들은 참으로 지혜롭다. 혼자의 힘으로 어려우니 천지간 자연의 모든 에너지를 동원하라는 뜻으로 해석했다. 간절했기 때문이다. 그때만큼 간절했을까! 꼭 일어서야 했다. 모든 것은 그것 하나로 귀결되었다. 목표는 하나다. 슈퍼어게인, 새로운 시작!

간단하다. 매일 아침 일어나자마자 20분 명상하라. 자신과 우주가 만나는 시간이다. 좋은 생각도 현명한 방법도 신기할 정도로 모든 일이 자연스럽게 흘러가게 된다. 하루의 스케줄이 편안하다. 억지로 껴 맞추지 않아도 자신에게 좋은 방향으로 물 흐르듯 자연스럽게 조정된다. 확언에 '나는 모두가 나를 돕는다. 나는 우주가 나를 돕는다' 등의 겸손함을 말하라. 모두가 돕고 우주가 도우면 더없이 좋은 일 아닌가! 그렇게 되길 원하면 그렇게 된 것처럼 말하라. 그러면 가장 좋은 때에 가장 좋은 모습으로 온다. 나에게.

삶은 언젠가 끝난다는 것을 잊지 마라

간단하지 않은가! 삶에 끝이 있다는 것은 누구나 다 아는 사실이다. 하지만 중요한 것은 그것을 인식하지 못한다는 것이다. 영원히 살 것처럼 오만가지 걱정과 욕심으로 일을 벌인다. 영원히 죽지 않을 것처럼.

끝이 있기에 모든 것이 소중하다. 끝나 봐서 자신 있게 이야기한다. 기승전결 과정 없이 한순간에 모든 것을 잃지 않았나. 정신 차리고 보니 통장도 친구도 그 무엇도 사라졌다. 모두 다. 어쩔 도리 없다는 것을 알았을 때 나 자신도 지워 버렸다. 오히려 가벼워졌다. 선택할 것은 딱 한 가지! 다시 시작하는 것이었다. 살아야겠다고 결단하고 나니 보이지 않던 것이 하나씩 보이기 시작했다.

23살에 처음 시작할 때보다 가진 것이 많았다. 남편도 의대학생이 아닌 전문의, 한의사 두 개의 자격증을 가진 의사였다. 어마어마한 경험도 그 안에 있었다. 처음엔 병원도 없었지만, SINCE 1988 역사 있는 병원도 생겼다. 자랑스러운 든든한 두 아들도 있었다. 무엇보다 고마운 것은 새내기가 아닌 40년이라는 열심히 살아온 시간과 경험이 있었다. 잘 다듬고 정리해 보니 단단한 삶의 무기로 희망이 보이기 시작했다. 그리고 해냈다.

다시 시작할 수 있음에 감사하고 감사했다. 설거지하다가도 복받치는 행복감에 울컥하고, 화장실 청소를 하는 나이 든 손도 귀하고 감사했다. 살아 있음이 축복이고 기적이었다. 더는 외롭지도 힘들지도 않았다. 60년 동안 힘들게 하던 묵은 외로움은 인사도 하지 않고 떠나 버렸다. 그 또한 감사한 일 중의 하나다. 하루하루가 축복이고 기적이었다. 그러니 하루만 생각하며 최선을 다한다. 더없이 감사하고 행복하지 않은가! 삶에 끝이 있으니 말이다.

삶이 끝나는 날까지 하루씩만 살자! 목표를 향해 오로지 건강과 원씽만 하자! 그것이 행복의 근원이다.

백 번이고 외치고 말하고 싶은 명언이다. 당신도 이렇게 칠해라. 당신의 삶을!

삶이 언젠가 끝나는 것이라면

사랑과 희망의 색으로 칠해야 한다.

- 샤갈, 마르크

Chapter 3

빠르고 섹시하게
다시 태어나는 방법 8가지,
환골탈태하라

새로운 세상을 만들어라

자신이 누구인지 알아라

반드시 자신이 누구인가 알아야 한다. '나는 누구인가?' 스스로 물어야 한다. 자신에 대하여 정확하게 알 수 있을 때까지 묻고 또 물어야 한다. 아무리 중요한 것이라도 순서는 '나 다음'이다. 자신에 대해 모르면 그 무엇도 순탄할 수 없다. 성공했다가도 한순간에 모든 것을 잃어버리는 것! 그것은 단연코 자신을 몰랐기 때문이다. 이 사람의 이야기이다. 오죽하면 소크라테스가 '너 자신을 알라'고 했겠는가!

여기까지 오는 것도 매우 힘들었을 것이다. 아무것도 모르고 열심히만 하면 모든 것이 다 되는 줄 알고 무지하게 살아온 이 사람도 자신을 전혀 알지 못했다. 새로 태어나는 삶으로 100세까지 섹시하게 살아 낼 수 있는 여섯 가지 방법에 대하여 먼저 간단하게 이야기해 보기로 한다. 반드시 성공하게 하는 방법이다. 이 과정은 셀프탄생, 가장 사랑하고 자랑스러운 자신으로 스스로 태어나게 하는 훌륭한 과정이다.

(1) 자신에 대하여 가능한 객관적으로 판단해야 한다

자신이 어떤 사람인지를 알고 세상을 바라보는 관점이 달라지면 모든 것이 새롭게 변한다. 자신에 대해 알 수 있는 프로그램 두 가지를 소개하자면 하나는 '갤럽 프레스'의 『위대한 나의 발견 강점혁명』이고 또 하나는 피타고라스가 연구한 '컬러 수비학'이다.

(2) 무엇을 하고 싶은지 묻고 또 물어야 한다.

100세까지 무엇으로 세상을 도울 것인지 결정해야 한다. 그것은 과거 자신의 행적을 꼼꼼하게 짚어 보면서 적어 보면 알게 된다. 진정으로 가슴 뛰는 일과 가장 잘하는 일을 찾는다. 회사의 연혁표처럼 자신의 연혁표를 작성해 보면 그 과정에서 상상 이상의 결정을 하게 된다.

(3) 결단을 단호하게 한다.

성공한 사람들은 남의 말에 귀 기울이지 않는다. 선택한 자기 모습을 상상하면서 먼저 시작하고, 나중에 완벽해진다는 각오로 단단히 결단한다. 오로지 결단한 것에 대하여 몰입한다.

(4) 실행을 바로 한다

바로 실행한다. 성공한 사람들은 이런저런 핑계를 대지 않는다. 바로 실행하고 될 때까지 하는 것이 그것이 성공이다. 아는 것과 성공은 별개이다. 알았다면 바로 실천해야 한다. 그 끝에 '성공'이 있다.

(5) 끈기 있게 반복 또 반복한다

끈기가 가장 싫어하는 것이 '포기'이다. 끈기로 꽉 채워 실행한다면 포기는 근처에도 오지 못한다. 아니 이 세상에 없다. 힘들 때는 스스로 이렇게 말하면 된다. "하면 되지, 될 때까지!"

(6) 조율하며, 될 때까지 포기하지 않는다

결단하고 끈기를 가지고 실행한다 해도 성장하기 위한 지속적인 조율이 필요하다. 성공하기 위한 절대적인 마음의 무기이다.

자신의 연혁표로 작성하라

회사마다 연혁표가 있다. 한 해 한 해의 회사 역사이다. 대표적인 활동과 성과로 정리되어 있다. 사람에게도 연혁표가 있다. 프로필이나 소개서와는 아주 다르다.

60년 동안 열심히 만든 세상이 무너지고서야 지난날을 돌아보게 되었다. 정신없이 앞만 보고 달려왔기 때문이기도 하지만, 사실은 한마디로 건방지고 자신감으로 무장한 야심 때문이었다. 하는 일마다 성공했기 때문에 항상 노력하면 꿈은 이루어진다는, 무조건의 불안전한 신념이 있었다. 사실 이것은 옳고 좋은 신념이다. 노력하면 꿈은 이루어진다. 하지만 그다음이 문제였다.

그것이 무엇이냐 하면, 항상 돈은 들어온다는 잘못된 신념을 갖게 되었다. 그리고 더 큰 원인은 '그만하면 됐다', '이 정도면 충분하다'였다. 원하는 것을 모두 이루고 나니 돈은 그만하면 됐다고 결정한 것이다. 초긍정적인 의식으로 성공한 이후 무장해제된 생활을 한 것이 문제였다. 좋은 시간을 보낸 덕에 사람도 믿고 세상도 믿고 무엇보다도 자신을 너무 믿은 탓에 큰 탈이 난 것이다. 여러 번 반복해 이야기해도 너무나 중요한 일이다.

착한 것이 다가 아니다. 착하게 사는 것은 기본이지만, 항상 조심하고 점검해 보는 게 중요하다는 것을 몰랐다. 오죽하면 자신의 60년 과거를 이렇게 말하겠는가! 태어난 지 3개월밖에 안 된 강아지가 광화문 네거리에서 철모르고 활보하며 살았는데 60년 동안 교통사고 한 번 안 났다고! 딱 이 표현이 적절했다. 돌아보니 정말 그대로였다! 아찔했다! 이 사람의 허점이니 반복해서 말한다. 절대로 다시는.

고등학교 때부터 시작되었다. 혼자 애쓰는 엄마가 안쓰러워 용돈 달라는 것이 마음에 몹시 걸렸다. 그래서 궁리 끝에 동네 부자로 유명한 회장님댁에 철없는 중학생 외아들이 있는 것을 알고 가정교사를 자처했다. 그 덕에 고등학생 때부터 돈 버는 일은 아주 쉽다고 생각했다.

등록금이 없어서 대학 입학이 어려워지자 초등학교 때 이웃집 대학생 언니에게 배운 피아노 실력으로 동네 아이들을 가르치기 시작했다. 문제는 집에 피아노가 없었다. 사방에 알아보니 영창

피아노사에서 계약만 하면 피아노를 먼저 준다고 했다. 24개월 할부로 구매한 피아노 2대로 변변한 학원이 되었다. 먼저 시작하고 나중에 완벽해지자고 결정하고 단행했다. 이때부터 원하는 것은 먼저 시작하고 나중에 채워 나가는 것으로 용기를 냈다. 현재진행형이다.

40명의 제자를 가르치는 피아노 교실 원장이 되었다. 음악대학 재학 4년 내내 충분한 자립 장학금으로 톡톡히 큰 도움이 되었다. 돈은 인연 따라온다고, 남매를 보내던 피아노 학부형의 투자 제안으로 여의도 KBS별관 뒤 큰 빌딩 1층 전면에 90평 되는 남성복 맞춤 전문 매장 '한스'를 열게 되었다. 사업가가 하루아침에 된 것이다. 기회가 왔으니 무조건 앞만 보고 달렸다. 명동에서 가장 잘나가는 와이셔츠 맞춤집에서 멋진 영업부장을 스카웃했다. 이때 자신이 못하는 것은 전문가를 영입하면 된다는 사업 철학을 굳히게 되었다. 어린 나이에 겁 없이 레버리지를 한 것이다. 못할 것이 없다는 신념이 굳혀졌다. 경험을 돈으로 사면 된다는 생각이었다.

생각은 적중했다. 하루에 맞춤 물량은 다른 공장에 맡기기에 힘들 정도로 폭발했다. 1987년 당시 시청률이 하늘을 찌르던 인기 드라마 〈사랑과 야망〉의 두 주인공이 우리 옷을 입고 출현했기에 유명세를 타게 되었다. 매일 성장했기 때문에 맞춤 물량을 당해 낼 수 없었다. 공장을 사들이기로 결정했다. 내 나이 스물다섯이었다. 60대 재단사와 대부분의 미싱사는 50대, 제자들은 20대로 약 20명을 이끄는 사장이 되었다. 이 경험은 리더는 나이와 상관없다는 것을 알게 되었다. 그 시절 밤새워 청계천 주변 파출소를 돌며 보냈다. 다음 날 공장을 돌리기 위해 필사적으로 직원의 문제를 해결해야 했기 때문이다. 어린나이에 험한 곳을 밤새 돌아다녀야 했던, 힘겹기도 하고 보람있는 시간이었다.

25세 나이에 공장 운영은 무리였다. 집중하기 위해 친정으로 들어갔다. 매일 아침 청계천 공장으로 출근하려면 남산 1호 터널을 지나야 했다. 신호등에 걸려 정차하면 정면에 신라호텔 후문이 보인다. 시뻘건 건물이 거대하게 시야를 가로막곤 했다. 그러던 어느 날 의문이 올라왔다. '이런 큰 호텔에는 많은 직원들이 있겠지? 직원들의 옷은 어디서 만들까?' 하는 생각이 떠올랐다. 그런 옷은 우리도 만들 수 있다는 생각이 현실이 되었다. 놀라운 일이었다. 꿈은 이루어졌고 예상치 못한 방법으로 문제는 해결되었다. 신라호텔 유니폼 첫 납품은 주방 셰프들의 대형 앞치마 50장으로 시작되었다. 세상에 못할 일이 없다는 신념이 자리 잡았다. 간절하게 원하면, 원하는 것 이상으로 온다는 것을 알게 되었다.

꿈은 반드시 이루어진다. 상상하고, 간절하게 바라고, 더 나아가 믿고, 이루어진 것의 이미지를 떠올리면 언젠가 반드시 이루어진다. 납품 단위는 점점 더 성장하고 드디어 호텔 유니폼 업체 1위에 올랐다. 호텔 중 별 다섯인 최고 호텔의 주 납품 업체가 되니 전국의 크고 작은 호텔에서 주문이 들어왔다. 찾아다닐 것도 없었다. 어느 분야든 최고가 되면 그 아래 삼각 구도로 모두 가능하게 된다는 것을 알게 되었다. 아래서부터 올라가는 방법도 있겠지만, 꼭대기에서 모두의 파트너가 되는 경험은 정말 멋지고 멋졌다. 밤낮없이 전국을 누비고 다녔다.

유명하다는 것은 성공 그 이상의 것을 만날 수 있다. 당시 보험계의 우상인 대한교육보험의 유니폼을 제작할 기회가 왔다. 지금도 그렇지만 대한교육보험의 위상은 광화문 네거리에서 최고로 찬란했다. 종로 1가 1번지다웠다. 감히 생각이나 했겠나! 그런데 27살 어린 나이에 '교보생명'으로 다시 태어나는 대프로젝트에 초대되었다. 꿈에도 생각 못한 큰 축복이었다. 그 이야기는 기업 드라마처럼 흥미진진한 이야기지만 책 한 권으로 들려줘도 다 못할 무게이다. 언젠가 드라마로 세상에 이야기하고 싶은 꿈으로 남아 있다. 유명해지면 그만큼의 기회가 많다. 상상 그 이상으로!

영원한 스승님, 대산 신용호 창립자님의 부르심을 받게 되었다. 힐튼호텔 데스크 직원 유니폼이 맘에 드신 것이었다. 3년 긴장의 연속이었던 훈련 끝에 전사의 '유니폼 담당 아줌마'가 되었다. 이 사람으로는 절대 만날 수 없는 세상의 가장 큰 부자를 만난 것도 기적인데, 그분께 배울 수 있는 절호의 기회가 온 것이다. 17년간 행복하고 감사한, 어마어마한 교육을 받았다. 당시 최대 납품 내역서를 보관하고 있다. 가보로 물릴 생각으로 잘 보관하고 있다. 이런 일은 하늘에서 내린 동아줄이라는 것을 알아차렸다.

분명한 것은 세상에서 가장 훌륭하신 스승님을 만났다는 것이다. 삶의 질이 달라졌다. 운은 떼로 몰려오는 것이라고 했던가? 결혼할 때는 키 세 개를 지참하지 못한 까닭에 오로지 병원 개업, 아파트 구입, 자동차 마련이 인생의 목표였다. 모두 다 이뤘다. 그 뿐만 아니라 하루에 300명 이상 보는 병원을 완성했다. 추석이고 명절 때면 600명 이상 진료를 해야 했다. 연휴가 5일이라 치면 300명의 5일분으로 약을 지어야 한다. 한 봉에 평균 다섯 알이라고 하면 하루 세 번이니 얼마나 팔을 움직여야 하는지. 한 번 계산해 보시라! 거기다 주사까지!

기계가 아닌 이상 병이 나는 것은 당연했다. 가정의학과 전문의 1기로 출발했다. 대한민국 가정의학과를 만드신 윤방부 교수님의 첫 제자이다. 진료할 때 환자의 눈을 못 마주쳤고, 죽을 것 같다고 했다. 더 이상은 무리였다. 병원 문을 닫겠다고 했다. 그러나 겨우 만든 성공의 고지를 닫을 수는 없었다. 대신 운영할 테니 진료할 의사 선생님만 모셔 달라고 부탁했다. 가정의학과는 모든 과목을 진료하니, 한의대 공부를 하는 것이 좋겠다고 조심스레 제안했다. 펄쩍 뛰었지만, 의사가 놀면 무엇을 하겠느냐고 설득했다. 제안은 통과되었다. '문제는 항상 답이 있다'는 것을 깨달았다. 아직 위기가 기회라는 것은 몰랐던 때였다. 여러 가지 교훈을 준 사건이었다.

앞에서 말한 대로 양한방 복수 면허자로, 의사 전문의로서 한의사로는 대한민국 1호다. 특별히 계획한 것은 아니지만 그렇게 되었다. 이번에는 30년을 한 자리에서 동네 병원 의사로 살다 보니 80대, 90대가 된 오래된 단골 환자분들께 한 분 두 분 치매가 왔다. 치매는 우리 부부에게 운명처럼 온 질병이었다. 9대 독자인 다섯 살 때부터 우리 병원에 온 어린아이가 스물일곱 살에 치매 환자가 되었다. 누이처럼 지내는 60대 여 교수님이 20년 넘게 살던 집을 못 찾게 되었다. 비상이 걸렸다. 연구하고 또 연구했다. 해결해야만 했다.

장모님이 사위를 얼마나 사랑했는지 이번에는 친정엄마의 치매가 급속도로 진행되었다. 혼자 살 수 없는 중기로 빠르게 들어간 것이다. 바로 집으로 모셔 와 엄마를 위한 다각도 집중 치료에 들어갔다. 11년간의 정성 어린 사위의 보살핌으로 예쁜 치매인 89세 고운 모습으로 세상을 떠나셨다. 이틀 동안 주무시는 듯 고통 없이 고요한 마지막 시간을 보내셨다. 고맙고 고마운 치매 명의로 많은 분의 노후를 돕고 있다. 그간의 경험한 모든 고생이 '노후'를 위한 것이었음을 알아차렸다.

"세상에 거저는 없고 비밀도 없다."

대산 신용호 선생님의 말씀이다. '선생님'으로 불리고 싶다고 하셨다.

너무나 많은 이야기가 있지만, 숨 고르기를 하려 한다.
2021년으로 돌아가 봐야겠다.

충분히 고마웠던 시간이다. 다가오는 위기를 전혀, 조금도 예상하지 못한 특별한 성장의 시간이었다. 오로지 열정만 가지고 성공의 추월차선에서 달리고 달렸던 시간이었다.

지난 실패에서 기쁨을 찾아라

사랑하는 일, 좋아하는 일을 찾아라

반드시 알아 둬야 할 것이 있다. 전설적인 자기 계발의 그루, 밥 프록터는 말했다. 우리에겐 무한한 힘이 있고 우리가 할 수 있는 일에는 한계가 없다고. 그 일이 무엇인지, 얼마나 가치가 있는지는 중요하지 않다고 했다. 계속 더 좋아질 것이기 때문이란다. 더 좋아진다란 말이 정말 아름다운가.

이 점을 절대 잊어서는 안 된다. 실패도 좋아지고 있는 과정이라는 말이다. 얼마나 실험하고 또 확인하고 한 결론일까! 간과해서는 안 될 성공의 핵심적 원칙이다. 새롭게 시작하기 위해선 경험했던 실패를 후덕한 마음으로 돌아봐야 한다. 그 실패로 무엇을 얻었는지 생각해 보면 반드시 득이 있을 것이다. 그래서 실패는 없는 것이다. 실패는 다만 더 성공하기 위한 필수 과정일 뿐이다. 더 좋아지려고 나타나는 과정이라는 말이다!

한 번도 실패에 대한 경험은 없었다. 왜냐하면 될 때까지 목표를 향해 쉬지 않고 갔기 때문이다. 결국 목적지에 도착하고야 말았다. 꼭 해야 하는 일은 하고야 말았다. 그런데 그것이 문제였다. 실패를 한 번도 하지 못해 본 어린아이였기에 감당하기 어려운 큰 위기가 오고 있음을 감지하지 못했던 것이다. 계속 밀려오는 위기를 감당한다는 것을 '죽음'밖에는 할 수 없었다. 실패를 경험하지 못했던 이 사람은 유치원생에게 풀어야 할 문제로 수능 문제가 온 것과 같았기 때문이다.

일생에 겪어 보지 못한 실패가 왔다. 파도처럼 밀려오는 위기에 손을 들고 말았다. 진지하게 다같이 삶을 포기하자고 제안했지만 가족들의 반대로 무산되었다. 혼자 갈 수는 없었다. 사회 경험이 부족한 가족을 위해 '죽을 용기'를 '살 용기'로 바꿔야만 했다. 모든 경영권을 책임지고 있었기 때문에 불 보듯 뻔한 일이었다. 지금 와서 생각해 보면 아찔한 순간이었다. 살아야 한다고 결정한 것은 너무나 당연한 일이고 참으로 잘한 일이다. 살아 있다는 자체가 축복이고 축복 이상의 기적이라는 것을 깨달았기 때문이다.

엄청난 위기를 극복하면서 얻은 것은 이루 말할 수 없다. 위기에 만난 모든 문제에서 해답을 찾기 시작했다. 마치 누군가가 돕는 것처럼 '살기'로 작정하니 다시 성장하기 시작했다. 처음부터 다시 시작할 수 있다는 것에 대해 감사하고 감사했다. 모든 것에 감사한 마음을 전했다. 풀 한 포기, 돌 하나에도 감사했다. 살아 있음에 감사함이, 기적에 감사한 마음이 무한한 삶의 무기가 되었다. 감사함은 성공의 시작이었다.

성취감이란 그 어느 것과도 비교할 수 없다. 꿈을 이루고 목표에 도달할 때까지는 많은 고통이 따른다. 고비고비 수많은 어려움이 기다리고 있다. 마치 테스트하듯 넘어야 할 고비가 때마다 삐지고 들어오고 나온다. 때로는 비참할 정도의 괴로움도 따른다. 하지만 그 어려움을 딛고 넘어선 다음은 어떤 내용이었는지 흔적조차 없다. 모두 이뤘기 때문이다. 그뿐이다.

다시 한 번 말한다. 실패는 없다. 그저 지나가는 성공의 한 과정일 뿐이다. 실패가 지나가기 위해 우리는 또 하나의 성장과 만나지는 것뿐이다. 기쁜 일 아닌가! 실패가 지나간 그 자리에서 만날 감사한 선물에 대하여 마음껏 기뻐하라!

3년 후 자신의 모습을 정하라

강조하고 강조하는 말이다. 어디서 어떤 모습으로 살 것인지 정하라. 그것도 자세하게 정해 보자. 그대로 이루어지기 때문이다. 믿어지지 않을 것이다. 나도 그랬으니까. 이루어지지 않을 것을 원하는가, 아니면 믿어지지는 않지만 정한 모습이 되길 원하는가! 대답하지 않아도 된다. 당연히 우리 모두가 원하는 것이다.

3년 전을 돌아보자. 당신의 3년 전은 어땠는가? 이 사람의 당시 마음은 비교할 수 없이 힘들었지만, 한편으로는 힘이 넘치고 뜨거운 열정으로 질주하고 있었다. 더 높이 더 많이 성공하기 위해 앞만 보고 달리던 모습이 떠오른다. 만나는 사람마다 도대체 그 정열은 어디서 나오느냐고 물었다. 종일 1초도 쉬지 않았다면 믿을까? 그게 가능하기나 한 일일까? 일을 해도 피곤하지 않았다. 목표가 있으니까. 그리고 새로 시작한 삶이니까.

나이 60세에 암담했다. 문제는 항상 해답이 있다는 신념이 있었기에 우선 답부터 냈다. 잠자는 시간 이외에는 모두 일에 집중하는 것이었다. 처음에는 하루를 이틀로 살기로 결단했다. 그리고 그렇게 했다. 아침 5시에 부글새벽, 부자들의 글쓰는 새벽방을 열었다. 팬데믹 때라 절망과 두려움으로 힘든 사람들이 넘쳐났다. 인터넷도 연결되지 않는 속리산에서 핸드폰으로 이 사람 강연을 듣는 오직 한 사람을 위해 글쓰는 수업을 열게 되었다. 수강료는 1만 원. 만 원은 만만대해, 만땅, 만수무강의 의미로 정해졌다.

이른 새벽부터 ZOOM으로 강의해도 지칠 줄 몰랐다. 시간이 모자랐다. 그래서 한 시간을 당겨 새벽 4시 그다음은 새벽 3시, 자꾸 시간을 늘려야만 했다. 쉬지 않고 달리며 시간 가는 줄 몰랐다. 그땐 그랬다. 점점 더 시간을 확보해야 했다. 성장해 가면서 열어야 하는 과정이 더 늘어나기 시작했다. 예전처럼 끓는 열정이 하고 싶은 대로 꿈을 펼치기 시작했다. 지난날의 모든 경험이 수업에 적용되었다. 재밌고 신기했고 그렇게 용기가 다시 살아났다.

급기야 하루를 3일로 살고 싶은 욕망이 모든 것을 사로잡았다. 저녁 6시로 취침 시간을 정했다. 상황에 맞춰 6시간을 정해 놓고 기상했다. 새벽이라기고 하기에 어색한 아침 1시 30분 기상으로 할 수 있는 한 모든 에너지를 동원해 배우고 실천하고 또 배웠다. 약 200권의 책을 읽고 실행했다. 그렇게 미쳐 있는 동안 3년이 훌쩍 지나갔다. 하루를 3일로 살아 내다 정신차려 보니 마음과 달리 몸은 세월을 그대로 담아 버렸다. '삶의 무게가 너무 무거워 다리도 아프다'는 유행가 가사의 주인공이 되어 있었다.

이제 3년 후를 상상해 보자. 당신의 3년 후는 어떤 그림인가? 정신을 차리고 보니 어느새 나이를 흠뻑 받아들이고 있었다. 허리도 아프고 다리도 아프고. 혹시 '등골 빠진다'는 말을 들어 봤는가? 우리의 부모님들은 "허리가 휘고 등골 빠지게"라는 말씀을 자주 하셨다. 그야말로 등골 빠지기 시작함을 느낄 수 있었다. 허리뿐 아니라 발바닥도 아팠다. 온몸에 염증 아닐까? 체온이 엄청 낮아진 거 아닐까? 남편의 위암 수술 후 간병할 때 찾아온 '대상포

진'까지 총출동 컴백 출연으로 아우성이었다. 지금까지 나한테 무슨 짓을 한 것인가!

건강은 어떠한가? 3년 후에는.

경제는 어떠한가? 3년 후에는.

우선 큰 주제부터 정해 보자! 마음껏!

하루를 3일로 살 수 있다는 말은 10년을 30년처럼 살 수 있다는 뜻이다. 미래학자 대부분이 이 시대는 모든 속도가 빠르다고 알려 주고 있다. 변화 주기와 성장 주기 등이 전과는 아주 다른 빠른 속도라는 것이다. 그래서 아주 좋은 기회라고 생각된다. 초고속 성장과 추월차선을 마음대로 선택하고 조정할 수 있기 때문에, 모든 것은 우리가 정하는 대로 이룰 수 있는 것이 확실하다.

미래를 상상하고 목표를 정할 때는 정확하고 확실해야 한다. 구체적으로 계획하면 더욱 좋다. 예를 들어 연 매출이나 수입을 정할 때는 숫자를 정확하게 정하는 것이 좋다. 날짜를 말할 때도 년, 월, 일, 시간까지 꼭 집어 정하면 더욱 좋다. 그리고 정말 중요한 또 하나! 이미 이룬 것처럼 현재 완료형으로 말한다. '~~했다!'로 마감하는 것이다. 처음에는 어색하지만 반복하다 보면 어느새 믿게 되어 힘이 실리고 점점 더 확신하게 된다. 심지어 마치 모든 목표를 이룬 사람처럼 행복하게 만족하고 있는 자신을 발견하게 된다.

절대로 이룰 수 없을 것 같은 목표를 정하는 것이 꿈이라고 했다. 이룰 수 있을 것 같은 꿈은 실행하고 이루면 되는 것이지, 꿈이 아니기 때문이다.

셀프탄생으로 내 삶의 주인공이 되어라

누구를 위하여 종은 울리는가

마음은 조금 불편하지만 죽음에 대하여 이야기를 하고 싶다. 과연 죽음은 얼마일까? 이런 생각을 해 본 적이 있는가? 이렇게 물어본다.

"나의 죽음은 얼마인가?"

독일이 낳은 초일류 경영학자, '헤르만 지몬'은 본인의 저서『프라이싱』에서 말했다. 세상 모든 것에는 값이 있다고. 우리의 삶과 죽음에도 값이 있다는 말에 공감했다. 특히 죽음에 대하여 각기

다른 값이 있다는 것은 심히 불편한 사실이다.

100세 시대인 요즈음 삶의 문화가 달라지고 있다. 특히 고령화 시대가 되면서 '죽음'의 문화가 달라졌다. 세상에 별이 되는 순간 가족이 지켜 주는 자신의 방을 떠올리는가, 아니면 대학병원 입원실을 마지막 장소로 상상하는가! 노후의 기간이 길다 보니 치매가 오거나 거동이 불편해지는 경우 대부분은 요양원에서 생활하다가 떠난다. 이것이 지금의 노후에 대한 패러다임이다.

결혼 생활을 시작할 때부터 인류의 큰 병을 해결하는 명의가 되겠다는 꿈을 꾸었다. 최근에 30년 전 단골 환자분이 찾아왔다. 반가운 얼굴이었다. 숫자나 이름은 잘 못 외우는 처지지만 영상은 강하다. 기억나는 얼굴이었다. 새까만 피부가 좀 어색하긴 했지만 함께 온 부인은 낯이 익었다. 암이 세 곳에 전위가 되었고 수술을 앞두고 있다고 했다. 방송에서 봤는지 원장님처럼 살게 해 달라고 간절한 부탁을 하러 왔다고 했다.

오래전, 며느님은 원장의 특약 처방으로 불임이 해결되어 아이 셋을 잘 키우고 있다고 고마움을 전했다. 수술이 끝나고 3개월

시한부 선고를 받았다고 한다. 더 살 수 있게 해 달라고 했다. 어떤 대답이 나올지 몰라 가슴이 조마조마했다.

"뭐 우리 치료 프로그램이 6개월이니 해 봅시다! 다같이 노력해야죠!"

남편은 3개월만 우선 치료하게 해 달라고 했다. 항암하는 기간에는 약을 못 먹으니 집에 와서 쉬는 시간에만 약을 먹을 수 있다고 했다. 아무튼 6개월이었다. 며칠 전 전화가 왔다. 항암을 무사히 끝내고 건강하다는 소식과 함께 치료를 연장해 달라는 부탁이었다. 7개월로 접어들고 있다. 얼마나 감사한 일인가!

우리는 죽음에 대하여 더 깊이 배울 수 있는 많은 경험을 하고 있다. '누가 나의 죽음을 지킬 것인가?' 90대 치매 중증인 노모를 모시고 온, 50대 막내아들의 이야기이다. 어디를 다녔어도 실패했다며 약을 잘 못 드신다고 했다. 6개월 프로그램인데 한사코 딱 한 달만 고집했다. 홀로 지키는 그 마음이 고마워 원하는 대로 치료해 드렸다.

그 후 4년 동안 함께할 수 있었다. 효자 아들은 형제 간의 법정 싸움도 불사하고 이겨 냈다. 마지막 순간까지 어머님의 행복을 지키고자 밤샘 병간호의 시간도 잘 버텼다. 대학병원에서 수술해야 한다는 치료도 적극적으로 대처했다. 절대 요양원으로 모시지 않겠다는 노력으로 참으로 힘겨운 고통이었다. 처음 우리에게 왔을 때 며칠도 버티기 힘들었던 어머님은 4년 동안 맑은 정신으로 아들과 함께 보내실 수 있었다.

90대 또 한 분의 이야기다. 90대 치매 어머님을 모시고 온 가족이 찾아왔다. 소개한 분의 말로는 아들과 사위가 대학교 부총장이고 대기업 대표라고 했다. 진료를 마치고 치료 과정과 프로그램에 대하여 자세히 안내해 드렸다. 잠시 회의를 하겠다더니 "우리는 90세가 넘은 어머니께 더 이상 아무것도 하지 않기로 했습니다"라고 말했다. 그러면 우리가 무엇을 해 드리면 되느냐고 물었다. 3개월마다 대학병원에서 약을 타 오는 일이 번거로우니 환자와 가족이 안 오더라도 그냥 약을 요양원으로 보내 달라는 것이었다. 잠시 생각 끝에 개인 의원에서는 어려운 일이라고 답했다. 그 어머니께는 3개월에 한 번이라도 자녀를 만나 함께 병원 나들이라도 하는 것이 최고의 처방이었기 때문이다. 노래도 잘 부르던 그 어머니의 부고 소식은 4개월 후 계시던 요양원에서 들을 수 있었다.

부모의 선택으로 생명이 태어나지만, 자식의 선택으로 세상을 떠나는 시대가 되었다. 불편한 현실을 어떻게 말로 다 할 수 있을까? 할 수 없는 일보다 우리가 할 수 있는 일에 집중하기로 했다.

'나의 죽음은 얼마일까? 누가 지켜 줄 수 있을까? 나의 마지막은 어떤 모습일까?' 죽음에 대한 생각은 깊고 또 깊어만 갔다.

생각하라 그리고 꿈을 꿔라

꿈을 꾸는 데도 방법이 있다. 이 과제는 초등학교 1학년 때 필수 과목에 해당되야 하지 않을까 생각된다. 유치원 과정에 더 좋은 방법이 있다면 좋겠다. 유태인들에게는 부모가 자녀에게 교육하는 방식이 있다는데 우리도 배울 점이 아닌가 생각한다. 하브루타 경제 교육이 뜨거운 호응을 얻고 있다니 기대해 볼 일이다. 남의 것도 좋으면 배워서 우리 것으로 만드는 오늘날의 진취적인 성장이 좋다.

'모치즈키 도시타카'가 지은 『보물지도』를 소개한다. 반드시 더 크게 일어서겠다고 결단한 후 서가를 뒤지기 시작했다. 그때 눈에 들어온 책이다. 『보물지도』로 셀프탄생 준비를 시작했다. '그냥 아는 대로'가 아닌 '읽고 배우고 실행하고'가 시작된 것이다.

100세 시대에는 60~70세에게 '노인'이라는 호칭이 어색하게 느껴질 정도로 젊고 아름답고 건강하고 똑똑한 사람이 넘쳐난다고 한다. 그러니 '이제 뭘 내 나이에'라고 생각하면 싹 다 지우기 바란다. 함께 공부한 100세 친구, 백친 중에서 70대에 새로운 꿈을 꾸는 수강생이 세 분 있었다. 세 분 모두 작가로 셀프탄생하고 새 길을 올라섰다. 안타깝게도 한 분은 죽을 만큼 힘든 건강을 다시 찾았으나 지속적인 관리 소홀로 다시 늙게 되었다. 다른 한 분은 70대에 하와이에서 간호조무사 학교 강사가 되었고, 또 한 분은 장애를 딛고 작가가 되고 박사 학위까지 받았다. 나이는 숫자에 불과하다는 것을 증명했다.

나이가 든 사람들에게도 기회는 있다. 꿈을 꾸고 결단하고 마음만 먹으면 모두가 가능하다. 오히려 나이 든 사람일수록 성공 가능성이 높다. 왜냐하면 그만큼 간절하기 때문이다. 새로운 성공에 따른 가슴 뛰는 성취감에 만족하기 때문이다. 나의 보물지도 내비게이터를 만난 것은 2021년 4월이었다. 소름 돋는 경험을 말하자면 보물지도 맨 앞 노란 면지에는 이렇게 쓰여 있다.

백디와 백친의 100세 인생
〈100세 돈 버는 영향력 명강사 책쓰기 브랜딩〉 출발로 '보물지도'를 그리기 시작했다. 나의 종점은 '인류의 질 높은 웰에이징 탄소제로 마을'
이제, 한 발자국 딛는다.

2024년 4월보다 다섯 달이 모자란 오늘, 모두 다 이뤘고 진행 중이다. 3년도 되지 않았다. 앞으로 3년 후의 모습이 궁금하기만 하다. '눈 깜빡할 새'라고 말하면 노인이라고 하니 적당한 시기라고 하겠다. 꿈을 꿀 그 당시에는 막막했던 일이다. 3년 전 상처투성이인 어린 강아지의 처지였으니, 꿈이 이루어지지 않을 것 같은 걱정만 앞설 때였다. 다시 한 번 말하지만 이룰 수 있을 것 같은 것은 꿈이 아니다. 이룰 수 있을 것 같은 꿈은 그냥 하면 되는 일이니까.

보물지도 내비게이터는 말한다.

"커다란 종이에 자신의 꿈을 써 놓고, 이미지와 사진을 붙입니다. 그런 다음 방에 붙이고 매일 바라보는 일입니다."

이 방법으로 하나씩 현실이 되어 나타난다고 확신한다. 생각과 행동을 습관화시켜서 '제2의 천성'으로 만들어 버리라고 조언한다. 이것이 꿈을 이루는 방법의 전부다.

책에서 알려 주는 대로 하면 된다. 어느새 하나씩 현실이 되고 최종 목표까지 도달하는 자신을 만나게 된다. 앞에서 말한 대로 '일하면서 배우고, 배우면서 일한다'라는 대산 신용호 선생님의 말씀대로 실행했더니 그대로 이루어졌다. 책을 읽고 배우며 배운 것을 실행했더니 소중하고 귀한 꿈을 이루게 되었다.

보물지도 내비게이터는 말한다. 그것도 아주 자세히 알려 주고 있다. 다른 길로 가지 않도록 내비게이션은 무척 꼼꼼하다. 마음 세우기에서 실행하기까지 챙겨야 할 것을 과분할 정도로 친절하게 알려 준다. 혼자 이 책을 하나하나 짚어 가면서 실행한다면, 어떤 꿈이라도 모두 이루는 당신의 '참 좋은 세상'이 될 것이다. 새로운 세상에 꿈을 디자인하며 하루하루 섹시하게 실행해보라. 100세 시대, 영향력 있는 100세 활동가로 셀프탄생하게 될 것이다. 저절로 하늘의 별이 될 때까지 감사하며 행복하게 살아지는 길로 들어서는 것이다.

목적지로 떠나기 전에 스스로에게 질문해야 할 것이 있다. 보물지도 맨 마지막 편에 중요한 질문 리스트가 있다. 책에 그대로 답을 적어 보라. 모든 답이 완성되었다면 가까운 서점으로 가길 권한다.

서점에 진열된 책은 모두 작가의 꿈 이야기다. 언젠가 작가가 되는 것이 꿈이라면 훌륭한 서점에 자신의 책이 나왔다고 생각하며 사진 한 방 찍는 것도 좋겠다. 수많은 꿈이 모여 있는 꿈동산 서점에서 소중하고 간절한 꿈을 꾸는 작가가 되어 보는 것은 어쩌면 가장 멋진 일이 아닐까?. 서점에서 출판 기념회와 사인회를 상상하는 것도 좋겠다. 집에 돌아와 꿈을 담은 사진을 큰 보드에 붙이고 드디어 꿈 여행을 떠나는 거다. 상상만 하면 가장 좋은 때에 가장 좋은 모습으로 완성된 꿈을 만나게 된다. 꼭 이루고 싶은 것을 높여 상상해 보자.

오늘은 자신의 꿈에 내비게이터가 되는 날이다.
나이도 처지도 그 어느 것도 내비게이터를 절대 막을 수 없다.

먼저 시작하고 나중에 완벽해져라

시작에도 기술이 있다

자신을 알고 자신이 좋아하는 일과 잘하는 일을 찾았다. 100세까지 영향력 있는 일을 하며 세상을 건강하게 하고 세상을 위해 열심히 일할 마음도 생겼다. 그다음은 실행이다. 많은 사람들이 자기 계발을 위한 독서를 하고 공부하는 시대이다. 학교에서는 미처 가르쳐 주지 못한 아주 중요한 분야이다.

더구나 요즘 젊은 세대는 카드를 모두 자르고 현금만 알뜰하게 쓰면서 목표를 세워 부자가 되는 챌린지를 함께하고 있다. 혼자 가면 빨리 가고, 함께 가면서 멀리 가기 위함이 틀림없다. 성공 법칙은 간단하다. 꾸준함과 진정성이다. 사실 이 두 가지로 성공하는 것이다. 60세에 실패한 이 사람이 깨닫게 된 소중한 진리다. 함께 응원하면서 서로 의지하고 될 때까지 실행하면 되는 것이다.

자신은 단지 자신의 생각이 아니다. 자기 자신의 행동이 자신이다. 나 자체가 내가 하는 행동이라는 말이다. '개리 비숍'은『시작의 기술』에서 단호하고 혹독하게 말한다.

"의지가 있어야 한다. 이기게 되어 있다. 할 수 있다. 불 확실성을 환영해라! 생각이 아니라 행동이 자신을 규정하는 것이다. 부단히 노력하고 또 하라 아무것도 기대하지 말고 받아드려라!"

정신이 번쩍 들게 하는 지침서이다.

하루를 시작하면서 명상을 마치면 바로 책을 펼치기를 강추한다. 이것은 정신의 밥과 같은 것인데 이 습관은 어떤 책을 읽더라도 하루를 초긍정으로 만든다. 실행해 봐라! 어떤 책이든 상관없다. 30분이라도 좋은니 시간을 만들고, 주말에도 쉬지 않고 실행해 보라! 세상이 달라 보인다. 반드시 실행해 보면 그것이 인생에 어떤 변화를 주는지 환희심으로 보상받게 될 것이다.

'셀프탄생'과 '100세까지 섹시하기'에 도움 되는 책 목록을 적어 놓았다. 맨 뒷부분 부록에 중요한 것만 적어 놓았다. 오늘부터 바로 시작하라. 가슴이 식기 전에 환희의 맛에 젖어 들라. 서가에 있는 읽다 만 책부터 시작하라. 우선 30분만.

열정, 끈기, 포기, 정법을 반드시 챙겨라

새로운 길을 간다는 것은 가슴 벅찬 일이나 이루는 것은 생각만큼 쉽지는 않은 일이다. 다시 한 번 반복한다. 의식적인 생각 없이 그대로 하는 것을 우리는 '습관'이라고 한다. 새로운 길을 가는 것에 잘못된 습관이나 방해가 되는 습관도 있을 것이다. 우리에게는 이미 굳어진 수많은 습관이 있을 것이다. 이것이 패러다임이다. 늘 그래 왔던 것을 바꿔야 하는 큰 과제인 만큼 '열정'이 기반이 되어야만 헤쳐 나갈 수 있다. 목표를 반드시 이루려는 그 뜨겁게 끓는 그것 말이다. 힘! 에너지! 바로 그 열정.

그러나 열정만으로 되는 것은 아니다. 그것이 문제다. 끈기 있게 진정성을 가지고 덤벼들어야 한다. 맞다! 뜨거운 열정의 에너지를 줄기차게 뿜어 대며 끈기 있게 끌고 나가야 한다. 포기는 더 이상 없다. 우리 100세 활동가는 그 누구보다 더 간절하다. 살아온 날보다 살아갈 날이 더 짧기 때문이다. '간절함'은 성공의 필수 조건이다. 그것이 원동력이다. 노후는 포기하지 않는 것이라는 새로운 패러다임으로 우리는 더욱 긴장된 질주를 해야 한다. 건강이 허락하는 범위에서 최대한으로.

이때 주의할 것은 욕망으로 건강을 망치는 일이다. 그러면 다 소용없는 일이니 주의하고 또 주의해야 한다. 나이 탓으로 돌리지 말고 건강을 지키고 회복하라! 반드시 10년, 20년 전의 체력으로 복원해야 한다. 세상에 방법은 많다. 자신의 약한 점을 의식하고 보강하고 복원하라. 그것이 그 어느 것보다 중요한 셀프탄생의 핵심이다. 잊지 마라. 건강!

새로운 패러다임은 '의도적인 반복'이 필수이다. 반복만이 노후의 새로운 패러다임으로 올라탈 수 있는 것이다. 반복 실행이 패러다임을 만들기 때문이다. 쉽게 말하겠다. 노후는 '아무것도 하지 않는' 나이라는 관념이 지금까지의 노후 패러다임이었다면,

노후는 무엇인가 새롭거나 또는 지금까지 최고로 잘해 온 일을 찾아서 나이와 세상에 맞도록 조율하는 것이다. 그리고 세상을 이롭게 하는 가장 좋은 나이라는 새로운 패러다임으로 습관이나 생각과 가치를 바꿔야 하는 것이다. 그렇게 때문에 쉬운 일은 아니라는 것이다. 습관 하나가 아니라 많은 습관을 획기적으로 바꿔 자신의 새 세상을 만들어야 하는 것이다. 한마디로 다시 태어나는 것이다. 버릴 것은 버리고 바꿀 것은 바꿀 수 있으니 얼마나 기쁘고 감사한 일인가!

열정과 끈기를 바탕으로 포기하지 않고 결사적으로 새로운 길을 갈 준비가 되어 있는가! 그렇다면 그 길의 모든 기준은 정법이어야 한다. 옳은 방법으로 정식으로 바른 길을 걸어야 한다는 것이다. 노후이므로 형편없어서는 안 된다. 모든 면에서 섹시해야 한다. 섹시는 어마어마하게, 놀라울 정도로 멋지게, 특별해서 놀라게 같은 감탄과 찬사의 뜻을 가지고 있다. 섹시하고 싶지 않은가! 그렇다, 노후의 일이니 값지고 멋지고 섹시해야 한다. 젊음이 부러워할 정도로 차별화되면 더욱 좋겠다. 어른답게 아름답다면 더 바랄 것이 없겠다. 노후의 섹시는 젊음이 따라 할 수 없는 특수 영역이다.

100배 섹시하고 유명해져라

두뇌 섹시, 마음 섹시, 활동 섹시 결단하라

우리의 목표는 100세까지 사회 활동하며 세상에 이로운 일을 하는 것이다. 건강이 허락한다면 무슨 일이든 가능하다. 그러므로 100세 활동가가 되기로 결단했다면 우선 해야 할 일은 건강을 점검해 보는 일이다. 젊음이 건강을 채워 나가는 시간이라면 노후는 건강을 비워 나가는 시간이다. 이것이 핵심이다. 혹시 건강에 빈자리는 없는지 꼼꼼하게 살펴야 한다.

"나는 일찍 죽을 거야. 100살이라니! 아유 끔찍해! 80살이면 충분하지! 나는 그때까지만 살거야!" 이런 시시한 말은 그만둬라! 마음대로 죽을 수 없다. 원하는 대로 되지 않는다. 100세 시대다. 살아 내야만 한다. 잊지 마라! 그것도 건강한 100세 시대로 살아야만 한다. 반드시!

여기에서 가장 중요한 것은 마음이다. 기준을 어디에 두는가? 기준은 없다. 건강검진을 통해 지난날의 건강과 비교해 보도록 하자. 셀프탄생 프로젝트에서 가장 중요한 것은 '건강'을 지키는 일이다. 건강한가? 식사는 잘하는가? 잠은 잘자는가? 어디 아픈 곳은 없는가? 혈압이 높은가, 낮은가? 혹시 당뇨가 있는가? 만성 질환이 있는가? 허리는 든든한가? 다리는 튼튼한가? 2, 3년 전에 비해 지금은 어떠한가? 어디 아픈 곳이 있다면 끝을 봐야 한다. 그냥 노후는 아프려니 하는 사람들이 대부분이다. 이것은 없애야 할 지난날의 노후 패러다임이다.

42년간의 진료 현장을 함께하면서 안타까운 것이 있다. 대부분 아픈 채 산다는 것이다. 아프지 말아야 한다. 아픈 곳이 있으면 반드시 고치고 살아야 한다. 고칠 수 있는 방법을 수소문해서 고쳐야 한다.

최근 70대 후반의 지혜로운 부인을 만났다. 몇 년 전부터 여기저기 쑤시고 아프고 힘들어서 전국에 좋다는 곳은 모두 다니며 자신을 기어코 안 아프고 건강하게 해결했다는 것이다. 최고였다! 지혜로운 그 부인처럼 해야 한다.

'그날 그날 아프며 사는 것'이 늙는 것이라고 생각해선 안 된다. 나이 드는 것과 늙는 것은 엄연히 다르다. 아플 때 늙는 것이다. 누구나 나이 든다고 늙는 것은 아니다. 아프면 반드시 원인을 제거하고 컨디션을 찾아야 한다. 원래 아픈 사람이 아니었지 않은가! 왜 아픈 것이 노후에 당연하다고 생각하는가! 싹 지워 버려야 할 노후에 대한 잘못된 패러다임이다. 건강할 수 있다. 전국을, 아니 전 세계를 누벼서라도 건강해야 한다. 세상에는 건강에 대한 좋은 다양한 방법과 정보가 넘쳐난다. 잘 선택해서 자신의 건강을 지켜야 한다. 문제는 반드시 해결 방법이 있다.

괴변이고 말도 안 된다고 할 것이다. 하지만 100세 시대에 90대 어른이 70대로 보이는 경우가 많다.

외모만 보고 정할 일은 아니다. 셀프탄생의 모델로 모시는 유쾌한 부부를 소개한다. 우리 마을에 23년 전부터 치과를 운영하는 섹시한 부부가 계신다. 아직도 신혼이시다. 내년이면 80세이신 치과 원장님은 이태리 영화배우처럼 멋지시다. 인기도 엄청나다. 임플란트 수술을 고통 없이 10분 정도로 멋지게 해 주신다. 되도록 잇몸을 절개하지 않는 신기한 방법으로! 발췌하고 바로 임플란트 심는 수술로 들어간다. 몇 개월 후면 완성된다. 치료가 예술이다. 매너도 말씀도 모두 예술이다. 늘 유쾌하시고 유머스럽다. 두뇌도 섹시하고 마음도 섹시하고 활동도 상당히 섹시하다.

섹시하다는 것은 원래 외모나 언행에 성적 매력이 있다는 뜻인데 요즘은 그 이상의 의미로 쓰인다. 자신의 색깔을 가지고 있으며, 그래서 더 멋지고 우수하다는 극적인 칭찬으로 많이 쓰이고 있다. '책을 읽는 남자가 섹시하다'고 하지 않는가! 이처럼 자신의 취향이 돋보이는 것을 섹시하다고 한다. 함축적으로 소통되고 있다. 우리는 노후 새로운 패러다임을 이미 삶에 적용하고 계신 부부를 존경하고 사랑한다. 건강도 섹시, 활동도 섹시, 매너도 섹시하다. 두 분은 아름답고 너무나 젊고 힘차다. 개성 있게 나이를 뛰어넘는 멋진 선배이시다.

나이와 상관없이 즐거운 대화를 나눈다. 100세까지 두뇌 섹시에 전혀 문제없다. 젊은 환자들이 무척 따른다. 보통의 일상을 담은 사진과 짧은 시를 문자로 보내 주신다. 100세 넘도록 마음도 섹시하게 차고 넘칠 것이 분명하다. 세상을 이롭게 하는 일로 활동 또한 활발하시다. 지인들과 행복한 만남을 이어 가며 매일 바쁜 일정에 최선을 다하신다. 하루도 댁에서 쉬시는 것을 본 적이 없다. 언제나 '청춘'이다. 어느 날 저녁 식사 자리에서 말씀하셨다.

"꼭 이를 해 드리고 싶었던 분이 있었는데 오늘 드디어 해 드렸어. 정말 하고 싶었거든. 너무 행복해! 아파트 경비 일 하시는 어른인데 내가 꼭 그분의 이를 해 드리고 싶었어."

환하게 웃으시는 모습에 식탁에 앉은 우리 모두가 행복해졌다. 이런 것이 섹시한 노후가 아닐까? 두뇌 섹시, 마음 섹시, 활동 섹시를 결단하라. 100세까지 섹시하게 살 것이라고 결단하라!

빠르게, 최고로 섹시하게, 추월차선 바꿔 타라

지금 당장 실행할 것이 있다! 70대라면 반드시 꼭 확인할 것이 있다. 23세부터 의사 한의사 옆에서 살아온 사람의 건강 깨달음이다. 70세 축하 잔치를 종합건강검진으로 대신할 것을 권하고 싶다. 가족, 친지, 지인들과 파티를 하는 것도 좋겠지만. 한 끼 식사 대신에 그들과 오래도록 건강하게 행복하게 살겠다는 약속을 선물하기로 하자. 당신도 당신이 아끼는 사람이 건강하고 행복하게 오래 함께한다고 생각한다면 그것을 밥 한 끼와 바꿀 수 있겠나!

지금까지 다니던 병원 말고 대학병원급 큰 병원에 가는 것을 추천드리고 싶다. 가장 비싼 프로그램으로 선택하라. 그리고 병원에서 하라는 대로 하라. 제발 돈 생각하지 말고. 죽을 때 평생 가지고 있던 자신의 눈썹도 못 가지고 가는 삶 아닌가!

결과를 잘 보고 문제가 있다면 반드시 해결해야 한다. 무서운 병이 있을까 봐 못간다는 사람도 생각 외로 많이 있다. 더는 늦출 수 없다. 병이 난 후에 해결할 시간과 회복하고 건강하게 지낼 여유 시간을 고려해 보기 바란다. 나도 그런 사람이었기 때문에 강조하는 것이다. 제발 아프기 전에 예방하라!

또 한 가지가 있다. 반드시 치과 치료를 해야 한다. 70대에는 많은 변화가 있다. 대부분이 '건망증'을 경험하게 된다. 아니 시작된다는 것이 정확한 말이다. '깜빡깜빡'이 '깜깜해'로 발전하는 시기이다. 대부분이 그렇다. '나는 아닌데'라고 한다면 다행이지만 미리 점검하는 것이 안전하다. 건망증뿐 아니라 '불면'과 '우울'이 찾아오는 시기이기도 하다. 그렇기 때문에 치아 건강을 반드시 점검해야 한다. 치아 건강이 나쁘면 위의 건강을 헤치게 된다. 위는 모든 건강의 기본이다. 따라서 위에 앞서 치아 건강을 단단히 해 두기를 바란다.

우리 엄마는 참으로 지혜로우셨다. 우리가 자랄 땐 자식 학비가 걱정이셨기 때문에 이가 아파도 싸매고 누워 참으셨다. 그것이 치매의 원인 아니었나 싶다. 맞는 추측일 것이다. 어느 날 거액을 만드셔서 엄청난 수술을 하고 왔다고 자랑하셨다. 그때가 70세가 되는 날이었다. 다 필요 없고 튼튼한 치아가 소원이라고 말씀하셨다. 89세 세상 떠나는 날까지 딱 이틀 동안 주무시는 듯 고통 없이 살다 예쁘게 가셨다. 70세 이후 식사도 잘하시고 치과는 한 번도 가지 않으셨다.

　신체를 지키는 일은 치과 검진부터 시작해야 한다. 당신도 모르게 치아와 잇몸에 고름이 흐르고 있을 수도 있다.

　70대에 반드시 해야 할 건강 점검으로 두 가지를 말했다. 종합검진과 치과검진이다. 여기에 하나 더, 뇌 건강을 중요하게 생각해야 한다. 100세까지 뇌가 건강해야 뭐든 할 수 있다. 우리 뇌가 몸의 전부를 관장한다는 것은 모두가 아는 사실 아닌가. 뇌 건강에 대한 점검은 너무나 당연하게 필요하다. 이 세 가지 중 어느 것 하나 더한 것도 덜한 것도 없는 필수 건강관리 항목이다.

　세 가지 건강 체크를 하고 문제가 없다면 바로 당장 빠르게, 최고로 섹시하게, 추월차선으로 바꿔 타자! 시간이 없다! 새롭게 태어날 시간이다.

마지막 순간, 무조건 행복하고 감사하라

성공하게 하는 생각과 마음만 챙겨라

오후 5시 일과를 마치고 6시면 잠자리에 든다. 잠시 누워 휴식하며 7~8시간 수면을 목표로 눈을 감는다. 소중한 시간이다. 새벽 1시 반이나 새벽 2시가 기상 시간이다. 60대 우리 부부는 하루를 세 파트로 나눠서 산다. 이렇게 저렇게 해 봐도 이 방법이 최선이다. 이것은 원씽을 위한 준비 과정이다. 세상을 위한 위대한 일로 성공할 것을 굳게 믿고, 하루에 해야 할 일은 반드시 한다. 하루하루만 잘살면 그것이 성공이다. 100세 라이프디자인이다.

이렇게 3년을 함께한 도반들이 있다. 많은 후보가 있었지만,

포기하는 사람이 끈기 있는 사람보다 비교할 수 없이 많았다. 100여 명 중 세 사람이 성공했다. 3% 정도 결단을 실행해 냈다. 성공하는 사람은 '소수'라는 말에 전적으로 공감한다. 포기하는 데는 나름의 정당한 이유가 셀 수 없을 만큼 많다. 마케팅의 그루 '세스 고딘'은 그의 훌륭한 저서 『마케팅이다』에서 이렇게 말했다.

'모두에게 좋은 것이나 이것은 소수에게 해당된다. 당신은 거기에 해당될 수 있다.'

충분히 맞는 말이다. 실행하는 소수가 너무나 귀하다.

성공하게 하는 생각만 선택하라. '귀에 시끄럽게 하는 그것들을 없애라'고 가르쳐 준 작가가 있다. '마이클 싱어'로 그의 저서 『상처 받지 않는 영혼』에서 자신의 귀에 시끄럽게 하는 것을 없애는 방법을 쉽고 자세히 알려 주었다.

우리 100세 활동가도 성공하자! 성공하는 생각과 말만 하도록 하자. 그리고 성공한다는 믿는 마음만 갖고 가자. 성공한 자신을 상상하면서.

스스로 사랑하는 사람으로 새롭게 탄생한다. 자신이 가장 하고 싶은 일이고 잘하는 일을 선택하여 아름다운 자신을 만들었다. 아름답다의 '아름'은 '자신을 닮은'의 뜻을 품고 있다. 당신은 이제 당신 스스로 아름다운 자신으로 '셀프탄생'한 것이다. 비즈니스 업계에서 가장 미래 지향적인 인물로 인정받는 게리 바이너척은 자신의 저서 『부와 성공을 부르는 12가지 원칙』에서 '나이는 사업이나 금전이 아니라 자신의 삶을 끌고 가는 힘'이라고 말했다.

'노후'는 이러한 새로운 패러다임으로 정해졌다. 동의하는가? 우리는 찾았다. 40년 동안 어린아이부터 90대 노인까지 다양한 진료를 경험하면서 100세 시대에 가장 중요한 키워드는 '건강'이라는 것을 알았다. 또한 23년 동안 400여 권의 책을 펴내면서 '자신의 경험과 지혜'가 세상을 이롭게 하는 가장 중요한 콘텐츠라는 것을 확인했다. 이 두 가지를 앞세워 새로운 노후의 문화를 만들어 가기로 결단했다.

두 분야의 깨달음으로 노후는 우리 자신의 삶을 끌고 가는 힘으로 보람되게 보내야 하는 것이라고 정리했다. 그 누구의 도움 없이. 오히려 남을 도우며.

행복에 주파수를 맞춰라

노후에 대한 패러다임을 바꿀 수 있게 하는 아주 효과적인 생각이다. 삶은 언젠가 끝난다는 것을 잊지 말아야 한다고 강조하고 강조했다. 내일 죽을 것같이 살라고 말하지 않는가. 병원에서 일하면서 어른들께 수없이 들은 이야기이다. 대부분 70대 어른은 이렇게 말씀하신다.

"나는 절대로 오래 살지 않을 거예요. 싫어. 정말 싫어. 자식들한테 부담 주지 않고 나는 절대 자식들 고생시키지 않을 거예요."

어떻게 그것을 안다는 말인가! 생명은 마음대로 할 수 없는 것인데. 건강을 잃는 일을 남의 일이라고 생각한다. 자신에게는 절대로 일어나지 않는다고 확신하는 그것이 큰 문제이다. '대비하지 않는다'는 것이 큰 사고의 원인이다.

우리는 우리 자신을 책임질 수 있는 자유를 가지고 있다. 미리 준비하면 된다. 여러 번 강조하지만 '건강한 신체'와 '건강한 마음'이다. 건강할 때는 누구나 자신이 걷지 못하게 될 것이라고 절대 생각하지 못한다. 결코 인정도 하지 않는다. 그러나 나이와 상관없이 누구나 절대로 주의할 점이다. 걸을 수 없다는 사실 하나만으로도 가족은 물론 여러 사람을 힘들게 한다. 간병인의 하루를 본 적이 있는가! 일하는 시간의 가치를 한껏 높여 대가를 더 크게 치른다 해도 너무나 힘든 일이다. 거기다 돌봐 드려야 하는 분이 밤새 잠을 못 잔다면 이것은 지옥이 따로 없다. 경험해 보면 안다.

친정 엄마는 기간 11년 동안 치매 환자가 겪어야 하는 모든 것을 경험했다. 시작에서 끝까지의 임상 과정을 모두 겪어 봤다. 그래서 환자도 환자이지만 보호자들께 다양한 조언을 해 드리고 있다. 나라고 그런 일이 없을 것 같은가! 생각만 해도 두렵고 끔찍하다. 깐깐하고 젊잖은 양반이 사위 앞에서 '체면'이라는 것을 차릴 수 없게 되자 보호자로서 민망했고 절망했다. 그러나 더 큰 문제는 어쩔 방법이 없었다는 것이다. 그대로 겪어내는 수밖에.

신체뿐 아니라 정신 건강도 마찬가지이다. 모든 병의 근원은 '스트레스'에 있다고 한다. 현장에 있어 봐서 안다. 특히 암과 치매의 원인에 더 큰 비중을 두고 있는 것이 틀림없다. 여기에서 대

안을 제시한다. 내 마음은 나만이 움직일 수 있는 것 아닌가. 유일하게 내 맘대로 할 수 있는 것이 '내 마음'이다. 그러니 어떤 경우에도 '행복에 주파수'를 맞춰야 한다. 설사 지옥 같은 일이 일어나도 내 마음만 행복하다면 그만이다. 그 지옥으로 나의 행복과 건강을 잃을 것인가? 잘 생각해 보라.

　미리미리 대비해야 한다. 최근 방송에서 보았다. 김형석 교수님의 규칙적인 아침 식사 메뉴와 매일 아침 산을 오르시는 습관을. 103세에도 걷기 건강을 유지하다니 얼마나 대단한 일인가! 영상을 보고 부끄러운 마음에 우리의 건강관리 계획을 다시 세웠다. 걸어야 한다. 포기하지 말고 매일 걸어야 한다. 행복에 주파수를 맞추고! 100세까지는 물론이고 하늘의 별이 되는 날까지 걸어야 한다. 걷기만 해도 건강을 지킬 수 있다고 하지 않는가. 집에서 할 수 있는 여러 가지 운동 정보가 SNS에 수두룩하다. 움직여라! 100세 활동가여!

　삶은 언젠가 끝나는 것이기에 우리는 늘 간절하다. 그러므로 진지하게 하루를 보내야 한다. 한탄하거나 낙심할 시간이 없다. 시간 낭비되는 일은 절대 금물이다. 하루 일과를 어떻게 보내는

지 세심하게 관찰하는 것부터 시작해 보기 바란다. 하루를 보내는 자신을 유심히 들여다보아야 한다. 그것도 자주 점검하는 것이 좋다. 주말에는 한 주를 돌아보고 월말에는 한 달을 짚어 보면서 빈틈이 보일 때마다 그때그때 수정하는 것이 가장 좋다. 실용적으로 자신을 관리하는 것만이 100세 활동가의 값진 몫이다.

다시 한 번 말한다. 삶은 언젠가 끝나니 반드시 행복에 주파수를 맞추고 소중한 시간을 자유롭게 원하는 삶으로 채워 가야만 한다. 자유로워진다는 것은 내 자신이 내 삶의 주인공으로 사는 것을 말한다.

주인공으로 산다는 것은 '진정한 나'로 살아야 한다는 것이다. 배우자를 위한 것도 아니고 자녀들을 위한 것이 아닌 오로지 내가 누구인지를 알고 나를 위한 삶을 살아야 한다는 것이다. 그것이 가족을 위하는 길이고 사회를 위하는 길이다. 단연코 행복에 주파수를 맞춰라!

우주에 감사하고 감사하라

명상하라 그리고 선언문과 확언을 말하라

100번 쓰고 100번 말하라고들 한다. 그런데 그러지 않아도 된다. 그냥 매일 하는 명상 전, 자신의 삶의 목표와 비전 그리고 사명을 선언하라. 깔끔한 문장으로 선언문을 정리하고 컴퓨터 바탕화면에 올리고 매일 한 번씩 읽어라. 아침을 시작하는 선언문 읽기 한 번으로 하루가 단단해진다. 충분하다. 절대 잊어버리지 않으므로 당연히 실현된다.

그리고 확언하라. 꼭 이루고 싶은 꿈과 살고 싶은 모습을 정확하고 확실하게 적어 문장을 만들어라. 각 문장을 세 번씩 말한다.

이때 모두 이뤘다고 다정하고 감사한 마음으로 말하라! 세 번씩만 말해도 충분하다. 갑자기 힘차게 말하게 될 때도 있다. 그것도 좋다. 감사한 마음으로.

절대로 100번 쓰지 마라. 손목도 팔도 다친다. 쓰지 않고 매일 세 번씩만 외쳐도 3년도 되기 전에 모두 이룰 수 있다. 다시 한 번 말한다. 가장 좋은 때에 가장 좋은 모습으로, 가장 좋은 방법으로 오고 이루어진다. 얼마나 간절하고 얼마큼 열심히 실행하느냐에 달렸지, 괜스레 손만 고생시키지 말기를 바란다. 나는 말한 대로 다 이루어졌다.

명상은 정말 신비한 만남의 시간이다. 다시 한 번 말하는 이유는 삶은 명상으로부터 시작되고 명상으로 끝나기 때문이다. 하늘의 별이 되는 날은 길고 긴 명상으로 들어가는 것 아닌가? 이 사람은 그렇게 생각한다. 하루도 그렇게 길고 긴 여행길인 것이다. 명상은 매일 20분 하기를 권장한다. 더도 덜도 마음쓰지 않길 바란다. 20분 안에 미래에 할 일과 해결 방법을 자신 안에서 만나게 된다. 믿고 해 보라. 조급함과 부정적인 마음은 당신의 목표를 방해한다는 것을 잊지 말고, 그냥 해 보라.

감사함은 가장 센 기도이다. 감사함을 잊으면 안 된다. 당신이 누군가에게 친절을 베풀었을 때 당연하다고 생각하고 감사한 마음을 표현하지 않으면 다시 도와주고 싶을까? 우주의 이치도 똑같다. 고맙다고 해야 더 고마운 마음을 줄 것 아닌가. 그러니 작은 일이든 큰일이든 이루어지거나 도움이 있었다고 여겨지거든, 아니 도움을 받고 싶거든 바로 고마운 마음으로 감사 인사를 해야 한다. 오천 번쯤 해 보라. 만 번 외치고 싶은 일이 생긴다.

동서남북 360도 마음을 열고, 원씽에 집중하라

'게리 켈러'와 '제이 파파산'이 펴낸 『원씽』에서 멋진 질문을 만났다.

'다른 모든 것을 더욱 쉽거나 필요 없게 만들 단 하나의 일은 무엇인가?

당신의
재정적 문제를 위하여

정신적 행복을 위하여

신체적 건강을 위하여

개인적 삶을 위하여

핵심 인간관계를 위하여

일을 위하여

회사를 위하여

다른 모든 것을 더욱 쉽거나 필요 없게 만들

단 하나의 일은 무엇일까?

그리고 말한다.

남다른 성과를 얻으려면, 단 하나를 파고 들어가야 한다고.

바로 알아차렸다. 그 단 하나의 일을 꽉 잡았다. 조용하고 아늑한 자리에 앉아 심호흡으로 다듬고 찾아보라. 반드시 있다. 원씽! 그리고 한 번에 한 걸음씩, 계속 파고 들어가라. 한 곳을 향해서!

삶의 끝을 계속 반복 확인하면서, 오로지 원씽만 잡고 가야 한다. 그 어떤 것에도 흔들리지 않고. 그리고 딱 하나만 기억해야 한다. 그 하나가 다른 것에 도움이 되고 심지어 그 하나를 함으로서 다른 것을 하지 않아도 된다면 그것은 10배, 100배 효과를 얻는 것이다. 그리고 될 때까지 360도 동서남북 마음을 열고 우주에서 보내는 메시지를 알아차려야 한다.

당신을 응원하는 메시지는 길을 가다 만나지는 돌에도 있고 길에 핀 풀잎에도 있다. 내리치는 빗속에서든 그 어느 곳에서든 당신을 기다리고 있는지 모른다. 때로는 책에도 있고 영화에서도 만날 수 있고 드라마 대사 속에도 있을지 모른다.

우리는 어디서 어떻게 만나게 될지 모르는 우주의 메시지를 그저 오감을 열어 놓고 자다가도 받아 적어야 한다. 깨어 있어야 한다는 말이다. 그것이 셀프탄생이다. 새롭게 태어나 다시 시작하는 사람이 꼭 해내야 할 일이다.

보이지 않는 세상, 소중하게 살아라

원하는 것은 무조건 믿어라, 믿는 대로 된다

일반적으로 내 사람이라고 생각하는 이에게 좋은 의견을 구하고 싶어 한다. 희망에 차고 신나서 계획에 대한 사실을 이야기할 때 "그게 되겠어?" 라고 바람을 혹 빼 버리는 경우를 종종 경험해 봤을 것이다.

이 시대에서 부정적인 사람은 무조건 손절하라고 충고한다. 그리고 믿으면 믿는 대로 뭐든 다 된다고 '삶의 법칙'을 이야기한다. '론다 번'의 『시크릿』이 2007년에 출판되면서 시작된 것 아닌가 싶다. 전 세계에 마음의 돌풍이 불고 난 후 자기 계발 분야의 책의 대부분이 긍정적 생각에서 출발하고 있다. 믿는 것! 그것이 시작이고 끝이다. 이번에 글을 쓰면서 처음 보는 마음으로 다시 읽었다. 여전히 가슴 뛰는 인생책으로 그대로다. 삶의 원칙이니까.

원하는 것이 있는가? 그러면 묻지도 말하지도 말고 그대로 믿어라. 목표를 높이고 믿어 버려라. 반드시 된다. 작은 것이 작은 것이 아니고 큰 것이 큰 것이 아니다. 10년 전, 작가의 말도 안 되는 소송으로 삶의 고가 시작되었다. 그때였다. 2013년 '대행 스님 법어', 『삶은 고가 아니다』를 만났다. 서점에 꽂혀 있는 책을 우연히 발견한 것이다. 제목만으로도 궁금하기도 하고 살짝 반항하는 마음이기도 했다. '뭐가 아니라는 말인가! 삶이 고인데'라는 마음으로 읽기 시작해서 10년째 해마다, 삶의 고비고비 고를 만날 때마다 읽는 책이 되었다.

책을 읽고 이해하고 공감하면서 바로 실행에 옮겼다. 책에서 배운 대로 실천했다. 이해가 될 때까지 하라는 대로 무조건 실천했다. 결과는 항상 원하는 대로 감사하고 행복했다. 그러니 삶은 고가 아니었다. 이제는 잃은 것의 100배 이상, 아니 무한대 감사하고 행복하다. 마음의 자유, 행복한 창조자로 하나하나에 다치지 않는다. 더 이상은 허락하지 않는다.

가슴에 품고 있는 시가 있다. '이성선' 시인의 『산시』 중 「새」이다.
마음에 담은 그대로 읊조려 본다.

새

새는 산속을 날며
그 날개가 산에 닿지 않는다

보이지 않는 세상 소중하게 살자, 우리.

10년 동안 끝이 보이지 않는 터널 속에서 수많은 삶의 진리와
삶의 공식을 경험하고 배우고 깨달았다. 삶은 정말 어마어마한
축복이고 사랑임을 알게 되었다. 모든 깨달음과 경험을 '꿈을 이
루게 하는 삶의 공식'이라는 보석에 껍질을 입혀 살며시 조심스
럽게 펴냈다. 삶은 고가 아니기에.

보이지 않는 세상의 절대법을 결코 간과하지 말고 편히 살기를 바란다. 사랑받기 위해 태어난 것이 맞다! 세상 모든 것에는 원칙이 있음을 나이 육십에서야 깨달았다. 단 한 번도 야단 맞을 일이 없었다. 동네 파출소조차 갈 일도 없었던 3개월짜리 강아지의 무서운 세상 구경에서 얻은 것이다! 엄마는 항상 이렇게 말씀하셨다.

"착한 끝은 있단다. 절대 법 가까이 가지 말거라. 혹여 억울한 일을 당하면, 차라리 당해라. 법적 서류는 만지는 것이 아니다. 근처에도 가지 말거라."

무학이신 엄마의 말씀이다. 엄마는 한 번도 겪어 보지 않으신 경험에 대하여 어떻게 그런 조언을 하셨을까! 훌륭한 신념이었다. 엄마의 말씀을 그대로 따를 수밖에 없었다. 엄마 말씀을 들은 나에게 감사한다. 착한 끝은 있었다. 분명히.

보이지 않는 세계가 더 무서움을 알기에. 경계를 가르지 않고 물 흐르듯이 살아간다. 세상은 그렇게 호락호락하지 않더라. 진실은 반드시 밝혀진다. 그러니 바르게 살자.

초등학교에서 배운 대로 살아라

4년 동안 함께 책을 읽고 공부하는 수강생이 있다. 초등학교 선생님이다. 사십 대에 노후를 찬찬히 준비하는, 지혜롭고 영민한 세 딸의 엄마이기도 하다. 남다른 교육관을 가진 교사이고 자녀들도 자신의 세계관으로 훌륭하게 키우고 있다. 최근에는 교육부장관상을 받았다. 100세 활동가로 셀프탄생에 성공한 세 사람 중 한 사람이다. 이분 또한 귀하고 자랑스럽다.

선생님은 말한다. "사람의 모든 것은 초등학교 때 결정된다"고. 1학년부터 6학년까지 전 학년의 담임을 경험한 교사로 올곧고 단정한 선생님의 철학이다. 그러니 그 책임감이 얼마나 큰 것일지 알 수 있는 이야기다. 이 사람 또한 생각이 같다. 초등학교 때 배운 '바른 생활'대로라면 인생에서 큰 사고 없이 소신 있게 살아낼 수 있다고 생각된다. 배운 대로 살자. 초등학교때 배운 대로, 그대로 말이다.

상처를 낸 사람이나 상처를 입은 사람이 무엇이 다르겠는가! 이런저런 사회에서 일어나는 일이나 일상에서 겪는 일을 살펴보면, 초등학교 바른 생활 시간에 배운 것이 근본이고 전부라는 생각이 든다. 선생님께서 가르쳐 주신 그대로, 배운 대로만 살기로 하자. 오래전에 받은 교육이라 깜깜해서 초등학교 전학년 '바른 생활' 교과서를 구해서 책꽂이에 꽂았다.

우리가 배우던 바른 생활이 요즘은 1, 2학년은 봄, 여름, 가을, 겨울 네 권에 녹여 있고, 3학년부터는 '도덕'으로 되어 있다. 도덕적으로 훌륭한 국민으로 살아야 하기에 우리 모두 다시 읽고 실천했으면 하는 생각이다. 어른이 되었으니 다시 한 번 읽어 보자! 초등학교 도덕 생활!

부산의 초등학교 1학년 담임 '김주연' 선생님의 이야기이다. 곧 작가가 된다. 초등학교 때 모든 것이 결정된다는 것을 알리고 싶어서일 것이다. 100세 활동가이고 셀프탄생 중이다.

[Chapter 4]

무조건 성공하는 단 한 가지 비법, 될 때까지 하라

결단하고 나중에 완벽해져라, 될 때까지

결단에 대한 강한 신념은 '롭 무어'의 저서 『결단』을 읽으면서 확실한 마음의 무기가 되었다.

'지금 시작하고 나중에 완벽하져라!'

얼마나 위로가 되고 큰 힘이 되는가! 무엇을 하기는 해야 하겠고, 빨리하고 잘하고 싶은 굴뚝 같은 마음인데 두렵고 무섭기까지 한 상황이었기에 확실한 응원과 지지해 줄 그 무엇이 절실했다.

지금 바로 시작하고 나중에 채워 가라니 얼마나 고마운 배려의 마음인가! 온통 마음에 망치질을 하고 단단히 들고 뛰었다. 닥치는 대로 배우고 실천하면서 속으로는 '하면 되지!'를 계속 후렴으로 외치며 스스로를 응원해 줬다.

"먼저 시작하고 나중에 완벽해지자! 될 때까지 하면 되지! 그럼!"

북 치고 장구 치면서 속으로 또 외치고 외쳤다. '잘했어 잘했어! 그러면 되지! 나중에 더 완벽해지면 되는 거야! 잘했어 잘했어 참 잘했다! 잘했어!'

이것 하나만으로 성공했다고 해도 과언이 아니다. 정말 이 조언 하나로 3년 내내 성장하고 꿋꿋하게 버텨 왔다. 될 때까지 채우고 또 채웠다. 롭 무어는 이 사람의 성공멘토이다. 롭 무어는 말한다. 세상에 나쁜 결정은 없다고. 실패도 위기도 모두 기회를 주는 것이니 왜 아니 그렇겠는가!

'나에게 일어나는 모든 일은 나를 위한 일이다.'

매일 같이 명상 전에 세 번씩 외친다. 확언이다. 마이클 싱어는 "내 안에 망할 놈만 잘 관리하면 된다"고 말한다. 당신에게는 세상이 필요로 하는 뛰어난 능력과 재능이 있다고 그는 확신하여 말한다. 맞는 말이다. 그렇게 되고 싶다.

망설이지 마라. 마음이 움직이면 바로 결단하고 실행하면 된다. 포기하지 않고 될 때까지 하면 그게 끝이다.

매일 매순간 자신에게 물어라,
될 때까지

셀프탄생할 것을 결단하고, 자신이 가장 잘하는 것과 사랑하는 것을 찾아 하늘의 별이 될 때까지 이 세상을 위한 일을 하겠다고 결단한다. 원씽을 정하고 동서남북 360도 오감을 열고 깨어나 성장하기에 대한 준비를 마친 상태다. 매일 책을 읽고 배울 것을 찾아 공부하고 실행하려는 100세 활동가로서 그렇다.

이제부터 시작이다. 목표에 달성할 때까지 자신에게 묻고 또 물으면서 성장해 나가야 한다. 잘 못한다고 자신을 책망하거나 실망해서는 안 된다. 작은 일을 해 나가거나 큰일을 해 나가거나 내 앞에 오는 모든 일은 나를 위한 일이다. 중요하고 귀한 일이니

자신을 응원하고 자신에게 감사하며 한 걸음 한 걸음 성장해 나
가기로 하자. 항상 자신에게 물어야 한다.

"너는 지금 행복하니?"
"이 일을 하는 자신이 자랑스러우니?"
"더 배우고 더 잘할 수 있는 거니?"
"힘들어도 잘 참고 끝까지 할 수 있는 거니?"

바로바로 힘차게 대답해 주는 자신을 사랑하라. 감격해서 눈물
이 날 때가 있다. 그것은 진짜 자신의 주인공과 만났다는 증거다.
함께 뛰면 못할 일이 없다. 저절로 잘 되는 것을 알아차리게 될
것이다. 이것을 '한마음'이라고 한다. 타인과도 한마음이 되면 못
할 것이 없는데, 자신과 한마음으로 뛴다면 목표를 넘어 환희의
그 곳까지 가는 데 문제없을 것이다. 아무도 방해할 수 없을 것이
다. 기대해도 좋다. 매일 성장하는 자신을 보며 아침 명상 전에
확언한다.

"나는 날마다 모든 면에서 점점 더 나아지고 있다."
"나는 날마다 모든 면에서 점점 더 나아지고 있다."

"나는 날마다 모든 면에서 점점 더 나아지고 있다."

광화문 거리를 철없이 활보하던 3개월 된 강아지는 더 이상 세상에 없다. 환골탈태하고 자신도 못 알아볼 지경이다. 3년 동안 한 번도 빠짐없이 "나는 날마다 모든 면에서 점점 더 나아지고 있다"고 외치고 외쳤다. 해야 할 일과 하고 싶은 일은 당장 시작하고 매일매일 채워 갔다. 그리고 모두 이뤘다. 매년 한 자릿수를 더하는 성과를 보고 있다. 점점 더 나아지고 있다고만 말했는데 10배로 나아지고 있다.

모든 것은 자신이 하는 것이다. 하루 종일 자신과 대화하라. 묻고 답하고 묻고 답하라. 모르는 것은 책에서 찾으면서 성장하라. 최고다.

포기하지 마라,
될 때까지

'포기'는 삶의 마지막 시간에나 딱 한 번 말할 수 있는 특수 단어라고 했다. 포기를 잘하면 배추밭에 간다고 농담으로 말했다. 배추밭에 가면 배추 포기가 있다는 뜻이다. '포기'는 배추밭 이외에는 이 세상에 없는 단어이다. 하늘의 별이 되기 바로 전, 딱 한 번 포기할 수 있다. 더 이상 될 때까지 해 볼 시간이 없기 때문이다.

우리가 노후에 새로운 패러다임으로 스스로 새롭게 태어나는 '셀프탄생'을 하는 이유가 무엇인가! 바로 포기하지 않고 마지막 순간 3분에 무한한 행복과 감사함으로 떠나기 위함이 아닌가! 아예 포기는 마음속에서 삭제하자.

'포기'란 없는 것이다. 될 때까지 하면 되는 것이니까. 그러니 무엇을 하든지 입으로 중얼거려라. '하면 되지! 하면 돼! 될 때까지 하는 거야!' 먼저 시작하고 나중에 완벽해지면서 될 때까지 하면 그것이 성공인 것이다. 그러니 자신에게 후한 마음을 줘야 한다. 후덕한 마음으로 괜찮다고 해야 한다. 자신에게 잘한다고 칭찬하고 응원해 줘야 한다. 그래야 힘센 용사로 될 수 있는 것이다.

잘하고 못하는 것은 없다. 잣대 자체가 없기 때문이다. 포기는 죽을 때 딱 한 번 쓸 수 있는 것이다. 잊지 마라.

끊임없이 조율하라,
될 때까지

새로운 길은 언제나 힘들고 외롭다. 기대되고 궁금하기도 하지만 가 보지 않은 길이므로 어려운 것이다. 아무리 단단히 결단하고, 먼저 시작하고, 나중에 완벽할 것이라고 다지고 다지지만 새로운 길은 만만치 않다. 설사 잘했던 일이고 좋아하는 일이라 하더라도 조금씩 파인 홈에 걸려 넘어지기가 일쑤이다. 털고 일어서서 또다시 가야 하는 길이 쉽지만은 않다. 그러니 잘 되더라도 '조율'을 하면서 가야 한다.

피아노의 조율을 생각해 보라. 한 달에 한 번씩 조율하는 피아노가 있다고 가정하자. 여느 가을처럼 결실의 계절이다. 한데 올해는 비가 계속 왔다. 여름 장마처럼 비가 계속 내렸다고 가정하자. 그럼 한 달에 한 번의 조율로 좋은 피아노 소리를 유지할 수 있을까? 그렇지 않을 것이다. 우리도 마찬가지다. 스스로 한 달에 한 번 하던 조율을 일주일 간격으로 해야 하는 때도 있다. 자주 점검할수록 안전하다. 어렵게 맞춰 놓은 선율을 유지하는 데 있어 '조율'은 반드시 해야 하는 일이다.

삶에 있어서 '조율'이 어쩌면 가장 중요한 일일지 모른다. 성공하고 대단하던 이가 흔적도 없이 사라지는 '유명'이 어디 한둘이겠는가! 조율하라! 항상 곁에 붙잡아 놓고 조율하라! 목표를 달성했다면 조율은 자주 할수록 성공은 영원하다.

Chapter 5

인생 통째로 바꾸는 셀프탄생,
응원 지지하라

요양원 절대 가지 않게 하는
노후의 새로운 패러다임

요양원이 나쁘다는 것이 아니다. 단지 요양원 가서 누워 있거나 아프지 않아야 한다는 것이다. 건강을 미리 챙기고 지키는 것이 해답이다. 요즘은 90대, 100대 지혜로운 어른이 많다. 건강한 노후 생활을 공개하는 동영상을 흔히 볼 수 있다. 얼마 전 택시를 탔을 때의 일이다. 80대 기사님을 영상에 담게 된 행복한 일이 있었다.

원씽에 집중하고 수면 시간을 대부분 3시간, 4시간으로 강행하면서 종일 일을 하다 보니 건강이 좋을 수가 없었다. 여러 가지 나타나는 증상으로 이대로는 안 되겠다는 결론을 내렸다. 몸에서 보내는 신호로 받아들이고 30대에 즐겨 하던 '요가'를 생각해냈다. 주변을 찾아봤지만 걸어서 갈 수 있는 곳이 없었다. 약 30분에서 40분 시간을 내야 하는 거리에 딱 한 곳이 있었다.

기적이었다. 요가 선생님은 13학번 학교 후배였다. 얼마나 멋지고 예리한지 망가진 내 몸을 훤히 꿰뚫어보는 실력자였다. 우주에서 가엽게 여겨 보낸 인연인 것이 틀림없었다. 열 번의 개인 수업으로 모든 문제가 해결되었다. 종일 앉아서 컴퓨터를 사용하고 ZOOM 수업은 기본이 3시간, 신나면 5시간이다. 이만한 것도 기적이다.

노후 새로운 패러다임을 정하고는 나부터 건강을 챙겨야 한다고 생각하고 움직였다. 걷기만으로는 턱없이 부족했다. 근육이 사라지고 온몸의 통증으로 괴롭기가 말할 수 없었다. 등도 굽어 걷는 자세도 어눌했다. 이러다 갑자기 어떻게 되는 거 아닌가 하는 공포감이 엄습했다. 여럿이 함께하는 요가 수업을 따라가지 못할 정도로 몸 건강이 형편없었다.

문제에는 반드시 해답이 있다. 만일 여기서 '나이 들면 다 그래'

하고 포기했다면 다시는 젊은 체력으로 돌려놓지 못했을 것이다. 여기저기를 복구하느라 비명을 지르면서도 요가 수업은 마냥 행복하다. 착한 몸은 요가 선생님 말대로 바로바로 수정하며 아주 잘 듣고 있다. 모든 것을 맡기고 오로지 건강에만 집중하는 시간이다.

요가학원으로 가는 택시에서 100세 활동가 기사님을 만났다. 100세 활동가에 대하여 설명하고 셀프탄생을 자세히 알려 드렸더니 당신이 바로 그 주인공이라고 말씀하셨다. 반가움이 이루 말할 수 없었다. 책이 나오면 많은 100세 활동가를 영상에 담을 계획이니 말이다. 영상에 담고 싶다고 말씀드렸더니 기쁜 마음으로 응해 주셨다. SNS에 올려 널리 알릴 보물 영상이다. 벌써부터 흥분된다. 전국의 100세 활동가를 모두 담아낼 뜨거운 마음이 움틀거린다.

요양원 가지 않는 방법은 단 하나이다. 모든 것에 건강을 앞세워라. 뇌가 건강하고 신체가 건강해야 할 수 없는 '포기'도 할 수 있는 것이다. 잊지 말자. 건강이 모든 일을 한다는 것을.

하늘의 별이 될 때까지 섹시하게 살아라

100세 시대의 '디지털 노마드'는 낯익은 말일 것이다. 그러면 '12 N잡러'는 들어 봤는가! 세상에 마이크를 대고 외치고 있다.

  "100세 시대 디지털 노마드 N잡러로 왕초보에서 강사까지 되기, 새로운 노후의 패러다임을 실천합니다. 누구나 할 수 있습니다! 될 때까지 하면 됩니다! 이것이 '성공 비법'입니다. 될 때까지 포기하지 않고 하면 되는 것입니다."

  매일 아침 6시 ZOOM에서 23세 '김수빈 선생님'을 모시고 '디지털 노마드의 모든 것'을 가르쳐 주는 '크다디노' 수업을 진행하고 있다. 디노는 디지털 노마드의 줄임말이다. '크다'는 셀프탄생의 브랜딩 네임이다. 큰 나로 새롭게 태어났다는 뜻이다.

"나이 들면, 그런 것 못해"라는 말을 "나이 들어 시간 많아 다 할 수 있어!"로 바꿔 주는 시간이다. "나이 들면, 자꾸 까 먹어. 그래서 아무것도 못해"라는 말을 "나이 들어서 여러 번 될 때까지 반복하면 되더라구! 그러니 다 할 수 있어!"로 바꾸는 시간이다. 된다고 외치면서 여러 번 반복하며, 그야말로 한 명도 빠짐없이 모두가 가능할 때까지 반복하여 완성하는 수업이다.

10년 전, 유학 간 아이들이 돌아왔다. 중학교 2학년, 3학년 때 집을 떠났던 아이들이 한집에 모인다니, 잔뜩 기대에 부풀어 있었다. 영어 회화도 배울 수 있을 것 같았고, 어려운 스마트폰 기능도, 컴퓨터도 배울 수 있다는 희망으로 가득 차 있었다.

그런데 착각은 자유였다. 실망이 이만저만이 아니었다. 엄마가 물을까 봐 점점 피하는 것도 모자라 급해서 물어보면 화를 버럭 냈다. 형은 동생한테, 동생은 형한테 미뤘다. 섭섭하기도 하고 반복되니 자존심도 상했다. 괘씸한 마음에 이런 생각을 하기도 했다.

'그동안 보낸 학비의 만 분의 일이라도 내 교육비로 쓸 것을! 이렇게 구박받을 줄 알았다면….'

어찌나 섭섭한지 눈물이 날 지경이었다. 구겨진 자존심을 펼 방법은 배워서 아이들보다 더 잘하자는 결심뿐이었다.

작아진 자신을 불쌍하게 여기는 '자기 연민'은 인생에 하나도 도움이 안 된다는 사실을 너무 잘 알고 있는 터라 씩씩하게 마음먹었다.

'나한테 투자하자! 지금이라도! 배우자! 당장!'

마침 COVID-19가 시작되면서 자연스럽게 온라인 시대가 되었다. 이웃집 아저씨가 가르치고, 앞집 막내가 배우고, 서로 아는 것을 주고받는 것이 일상이 되었다. 수강료를 내고 무엇이든 배울 수 있는 작고 큰 주제의 클라스들이 여기저기서 마구 열렸다. 세상이 바뀌었다. 특별히 학원을 찾아가지 않아도 되었다. 무료 강의도 천지였다. 어디서나 쉽게 모든 과정을 배울 수 있는 세상이 온 것이다. 코로나 덕분에 컴맹이었던 이 사람이 디지털 세상을 배우기 가장 좋은 때가 온 것이었다.

안 보이는 한쪽 눈을 가리고 여기저기 열리는 온라인 수업을 밤새 찾아다녔다. 종횡무진, 오로지 배우고 말겠다는 결단으로 실행하는 것에 몰입했다. 밤 9시 수업도 11시 수업도 가리지 않고 닥치는 대로 참여했다. 너무 졸려서 졸지 않으려 입을 가리고 사과를 조심스레 먹다 강사님께 혼나기도 했다. 내려앉는 눈꺼풀을 감당하는 데 있어서는 먹는 것이 최고였다. 이름까지 호명당하는 창피를 무릅쓰고서라도 배워야만 했다.

젊은 강사가 어찌 나이 많은 학생의 물리적 어려움을 알겠나. 그 경험 때문에 우리 강의 때는 식사나 음료 또는 간식 먹는 것을 얼마든지 허용한다. 먹으면서라도 공부하려는 마음, 그것이 얼마나 기특한 일인가! 아직도 변함없는 생각이다.

왕초보부터 시작한다. 누구나 강사가 될 수 있다. 초보가 왕초보를 가장 잘 가르칠 수 있다는 것을 알게 되었다. 참을성 많고, 친절하고, 건강하고 밝은 스무세 살의 선생님과 경험이 많은 여든네 살 선생님의 조인트 강의다. 우리는 배를 타고 무한한 온라인 바다를 항해 중이다. 끊임없이 젊은 청춘에게 배우고 실행하고 있다. 섹시한 일이다.

우리는 '노후'를 '뒷방 주인'이라고 하지 않는다.
우리는 '노후'를 '포기'라고 하지 않는다.

또 한 번 강조한다. 섹시란 매우 특별하게 멋있다는 뜻이다. 무엇이든지 섹시에 주파수를 맞춰라. 숨을 쉬는 것까지도 섹시하게, 계속 수정하라. 당신도 디지털 노마드 12 N잡러 될 수 있다. 12가지로 돈 벌 수 있는 디지털 노마드이다.

100세 활동가의 불퇴전,
믿는 대로 된다

최근 셀프탄생의 의미를 알고, 스스로 새로운 목표를 세우고 100세 활동가로 활동하기 시작한 사람의 이야기이다. 세상을 이롭게 하고자 결단한 분이 있다. 은퇴 후 '싱크와이즈' 도구를 사용하다 자신의 세상을 바꾼 분의 이야기다. 평소 청소년을 위한 봉사가 자신의 꿈이라고 소개했다.

나 또한 싱크와이즈를 선물받은 경험이 있다. 3년 전 잠시 배웠을 당시, 생각을 가지처럼 펴 나갔었다. 생각 정리에는 더 이상 좋은 도구가 없다는 경험을 했다. 마침 100세 활동가들이 모여 새로운 가족으로 살 수 있는 공동체 주택을 구상하고 있을 때였다. 씽크와이즈 수업이 열린다는 안내문이 눈에 크게 들어왔다.

　'나는 생각만 하면 모두 이루어진다.'
　'나는 우주가 나를 돕는다.'
　'나는 모두가 나를 돕는다.'
　'나는 하고 싶은 일이 저절로 된다.'

확언이 이루어진 것이다.

우주에서 돕는다는 감사함과 함께 적시에 딱 맞는 수업이라는 확신이 들었다. 당연히 신나는 수업이었다. 큰아이가 하는 일이지만 부모로서 전문가로서 꼭 도와야 하는 큰 프로젝트였다. 부지 확정에서부터 건물을 지어야 하니 무엇이 필요한지, 차례는 어떻게 되는지 기획해야 할 것이 셀 수 없었다. 건설법부터 부동산임대법, 협동조합법, 그런 무지막지하게 어려운 것부터 이름 짓기, 알리기, 모집하기 등등 머리가 순식간에 지진이 날 지경이었다. 딱! 필요했다. 씽크와이즈 생각 정리 도구에서 꼬리에 꼬리를 무는, 생각을 확장시켜야 하는 중요한 때였다.

이렇게 강사와 수강생으로 만나, 위대한 셀프탄생 100세 활동가의 공동체주택 계획은 깔끔하게 정리되었다. 씽크와이즈 덕분에 분야별로 내용별로 모두 정리·결정되어 빠르고 정확하게 진행되고 있다. '오섬건강마을'로 명명하고 퍼스트 클라스 위대한 8가족을 만나러 가는 길이다. 이 과정을 배우고 활용하며 씽크와이즈 강사 '김중현 대표'께 세상을 위한 도구로 쓰이면 좋겠다는 의견을 드렸다. 청소년을 위한 도구이면 더욱 좋겠다는 대답이 왔다.

세상을 이롭게 하기 위해 그 이야기를 책으로 쓰고 있다. 자신이 경험한 '씽크와이즈'를 이야기하고, 자신은 물론 씽크와이즈로 수업하고 성장한 주인공들의 이야기를 쓰고 있다. 곧 출간되어 세상에 널리 알려질 것이다.

가슴 두근거리는 삶을 살아도 시간은 너무도 짧다. 하루하루 만나지는 노후의 새로운 패러다임에 기뻐하고 실천하고 있다. 셀프탄생의 주인공 이야기를 듣게 되면 세상을 더 이롭게 할 더 큰 꿈으로 확장하는 일에 열렬하게 된다.

혼자 가면 빨리 가고, 함께 가면 멀리 간다고 하지 않는가! 마냥 행복한 길이다. 100세 활동가의 물러서지 않는 행보! 물러설 수 없는 불퇴전! 생각한 대로 믿는 대로 될 뿐이다. 불퇴전이다.

할 수 있다. 젊지 않기 때문에 무엇이든 가능하다. 시간이 많지 않다는 것은 너무 잘 알고 있다. 우리의 축복이다. 불퇴전!

이것 하나로,
마지막 순간 감사하고 행복하다

　할 수 있다. 당신은 반드시 셀프탄생해야만 한다. 그것이 100세까지 우리를 활동하게 할 수 있는 유일한 방법이기 때문이다. 건강을 세우고 마음을 세우면 누구나 가능하다. 남의 이야기도 아니고 먼 이야기도 물론 아니다. 100세의 삶은 누구에게나 곧 닥칠 일이다. 글을 읽고 있는 이 순간에도 우리는 그리로 가고 있지 않은가!

　당신도 하늘의 별이 되는 그 순간, 3분 동안 행복하고 감사한 마음으로 떠나고 싶다면 이미 셀프탄생은 시작된 것이다. 간단하게 정리해서 당신의 마음 가방에 차곡차곡 챙기고 풀어 쓰기 좋게 넣어 주겠다. 결단하라, 그 어느 것도 생각하지 말고 100세 활동가가 되겠다고 결단하라. 그리고 원교연혁표를 써라. 당신의 지나온 찬란하고 멋진 시간들을 한 칸 한 칸 기도하는 마음으로 채워 넣어라. 가장 좋아하고 행복했던 순간의 일들을 걷어 올려라. 사랑하는 일인가? 세상을 널리 이롭게 하는 일인가? 좋아하는 모습인가? 자랑스러운 일인가? 그렇다면 그 일을 100세까지 멋지게 해낼 계획을 세우자!

이제 실행만 남았다. 하루하루만 살자고 결심하자! 지난 시간도 미래도 생각하지 마라! 오로지 오늘 하루 일을 오늘 안에 다 끝낸다고만 결단하라! 그러면 충분하다. 하루를 시작하자마자 해야 할 20분 명상을 기억하는가? 가장 좋은 곳에서 편하게 앉아 등만 기대지 말고 곧게 세우고 자신을 만나러 가는 시간이다. 기억하고 있는가! 하루 일 중 이것이 가장 중요하다. 아무리 바쁜 일이 있거나 몸이 아파도 명상은 꼭 해야 한다. 그러면 바쁜 일도 아픈 몸도 해결된다. 하루가 편하다. 선언문과 확언을 명상 전에 조근조근 말하라. 그리고 30분 동안 매일 빠짐없이 책을 읽어라. 그리고 행동하라. 실천하라. 그것이 다다.

포기는 죽을 때나 쓸 수 있는 단어임을 절대로 잊지 않는다. 먼저 시작하고 나중에 배우면서 완벽해지면 된다. 성공하면 유지 발전하는 데 '조율'이 가장 중요하다고 강조했다. 기억하는가! 자신을 후덕하게 대하면서 칭찬하고 응원·지지하라 했다. 기억하고 있다면 되었다! 될 때까지 하면 새 길 끝에서 훌륭한 모습으로 세상을 위해 더 나은 일을 하는 자신을 만나게 될 것이다. 틀림없이.

이 마지막 꼭지를 읽고 또 읽어라. 수없이 반복해 읽고 외워라. 그리고 그대로 실행한다면 물 흐르듯 위대한 탄생이 될 것이다. 틀림없다. 자축하라! 당신은 이미 성공한 100세 활동가이다.

무조건 셀프탄생, 그 길로 들어서라! 이것 하나면 마지막 3분 최고로 행복한 하늘의 별이 될 수 있다. 이것뿐이다. 축하한다.

마무리하며

'얘야 너무 걱정하지 말아라. 엄마가 좋은 건물 하나 준비해 놓았다. 그러니 너무 걱정하지 말아라.'

깜짝 놀라 일어나 보니 꿈이었다. 1월 초에 꾼 꿈이다. 하늘의 별이 되신 지 어느새 4년이 지났다. 헤어진 후 처음 뵙는 모습이다. 꿈에서라도 뵈니 참 좋았다. 다정한 목소리 그대로였다.

시간이 지나 4월, 갑자기 이사할 일이 생겼다. 코로나 내내 자진해서 세를 삭감해 주셨던 조물주보다 높다는 건물주의 갑작스러운 권고로 압구정 터전을 비워 줘야 하는 일이었다. 금요일에 받은 통보를 월요일에 확인하고, 화요일에 새 장소를 알아보고, 수요일 계약하고, 목요일에 이사를 마쳤다.

고마운 분이셨다. 3개월도 아니고 코로나 기간 3년을 감해 주셨으니 하루라도 빨리 비워 주는 것이 옳았다. 큰아이의 안목으로 지금의 본마을에 새 터전을 마련하게 되었다. 꿈에서 말씀하신 대로 엄마가 마련해 주신 곳이었다. 병원 앞에는 청계산이 병풍을 치고 있고, 잔디밭 앞에는 여의천이 흐른다. 새벽 공기는 강원도 산골바람과 별반 다르지 않았다. 별과 달은 밤마다 그림을 그리고 고즈넉한 저녁 시간이면 서산 나그네가 시를 쓴다. 해 지는 저녁마다, 술 익는 마을마다 타는 저녁노을.

오섬건강마을로 마음을 정했다. 오래전부터 100세 활동가 소수가 모여 사는 공동체 주택을 만들고 싶었다. 오섬은 '엄청난', '굉장한', '멋진'의 뜻을 가지고 있다. 크다는 그야말로 '셀프탄생으로 크다'라는 뜻을 품고 있다. 건강은 우리 '100세 활동가'의 기본이다. 100세 활동가로 100세까지 건강하여 세상을 위한 활동을 하는 소수의 뜻있는 사람들과 함께 가족을 이루는 마을이다. 꿈을 이루며 세상을 널리 이롭게 하는 '100세 건강마을'이다.

『나는 100세까지 섹시하게 살기로 했다』의 모델을 소개하려한다. 앞에서도 살짝 소개했지만, 진짜 주인공은 80세 청년이신

청룡마을의 느티나무 치과 '김길태 원장님'이시다. 큰아이 초등학교 동창의 아버님이셔서 오래전부터 이야기만 들어 왔다. 경황없는 이전으로 정리하느라 한 달쯤 지나서야 인사드릴 수 있었다.

벽이 없는 아담한 이층집이다. 소나무들이 마치 꼿꼿한 듯 아름답게 서 있어 지나가는 이의 발걸음을 멈추게 한다. 작은 마당이 마치 화폭처럼 단아하게 우리 앞에 서 있었다. 대기실에는 나무로 만든 정겨운 피아노가 있다. 옛 시간을 가져다 놓은 듯 말 없이 서 있었다. 무대의 배경은 옆마당 정원이다. 의자와 나무가 이야기 중이고 동네 길고양이들의 놀이터다.

갤러리 풍경은 안과 밖이 다르지 않았다. 고택의 품격과 서민의 마음이 뒤엉겨 살짝 흥분되는 듯하고 편안하다. 벽에 걸려 있는 그림들이 평범하지 않았다. 차차로 하나씩 봐야 한다. 의자 뒤에 숨어 있는 전축은 마치 무대 뒤에 원로 가수처럼 익숙한 선율을 내놓고 있었다. 잔잔한 클래식 음악이 치과에 대한 두려움을 감싸 안아 주는 것 같았다.

"엄마! 치과 원장님 예술이야! 뭐라고 말할 수 없어요! 마취도 예술이고! 치료도 예술!"

큰아이의 찬사가 한순간에 이해되었다. 사실 세상에서 가장 무서워하는 곳이 치과이다. 치료 의자에 누워 듣게 되는 기계음은 끔찍한 공포 그 자체다. 폐 속까지 뚫고 들어올 것 같은.

느티나무 치과 진료실은 경계가 없다. 일하다가도 치과 진료실 풍경을 떠올리면 마음이 평온해진다. 반전이다. 100호가 훨씬 넘을 것 같은 아름다운 대작을 지나면 조그마한 공간이 나오는데 치료실이다. 그곳에 아름다운 아기 퍼플 컬러 의자가 딱 하나가 누워 있다. 치료 의자이다. 앉으면 누워지고, 누우면 멋지고 섹시한 나무가 전면을 가리고 우리를 마주 보고 있다. 그 위로 이불처럼 선율이 덮어진다. 언제나 마음이 착해지는 잔잔한 음악이 흐르고 있다.

'길태 형님'은 만인의 연인이다. 예술가이며 도인이다. 틀림없다. 틀이 없고 무한한 자유인이다. 진료 자체가 예술이다. 환자의 아픔을 모두 당신의 작품으로 마감한다. 치료부터 모든 것이 자연이다. 치과에 오는 모든 사람이 너나 할 것 없이 아이가 된다. 80대, 90대도 예외일 수 없다. 아름다운 의자에 누워 입을 벌린다. 모든 가족이 그분의 아이들이 된다. 아이들은 '할아버지, 할아버지' 하며 곧고 휘어진 사랑을 받는다.

건강하다고, 치과 문 닫아야 한다고 내내 칭찬받아 왔던 치아가 '자갈밭'이 되었다. 부서지고 무너져 있었다. 3년을 이를 악물고 달렸으니 오죽하랴. 입안에 열기가 뼈를 부서트린 것이다. 원장님의 예술 덕분에 공포의 임플란트는 10분 만에 고통 없이 해결되었다. 거기다 특별한 처방까지 주셨다.

"구조가 남달라요. 이런 경우는 잠을 못 자거나, 잘 때 이를 갈거나, 심한 스트레스가 원인이야. 스트레스를 만들지 말아야지. 스트레스를 받는다고 말하는 건 맞지 않아요. 스스로 자신이 만드는 거니까."

새해가 오면 여든이라며 원장님은 은퇴할 계획을 살짝 비치셨다. 좀 쉬고 싶다고 하셨다. 전국 여행을 다니고 싶다고 귀엽게 말씀하셨다. '불퇴전'의 마음을 전해야 했다.

"왜 내가 좀 놀고 싶은데, 왜 안 되나?"

사투리가 정겨웠다. 단단해져야 했다.

"원장님, 다니고 싶은 곳 다 다니세요. 전국이 일일권이잖아요. 1박 2박이든 일주일이든 마음 가는 대로요. 가고 싶은 곳 다니면 되죠! 100세까지 많은 분 치료해 주서야죠. 은퇴는 없습니다. 절대 안 돼요!"

우리 마을의 촌장이시다. 100세 활동가의 대표 모델이다. 섹시한 청년이다. 우리의 멘토이고 어른이시다. 언제나 뵐 수 있는 별이고 달이고 해이다. 한 마을에 사시는 것만으로도 세상이 든든하다. 당신을 따라서 이주해 온 가족이 우리가 '13번째'라고 하셨다.

미국에서 날아온 치과의사들의 방문이 있는 날이었다. 오섬건강마을 촌장님, 길태 형님댁의 풍경을 담기 위해 스마트폰에 지지대를 끼고 부지런히 달려갔다. 통역은 왔지만, 그녀는 한국말만 했다. 유머 섞인 원장님의 영어 실력이 모두를 화기애애한 한 가족으로 만들었다. 중국, 포르투갈, 스웨덴, 영국, 연방공화국답게 각국 출신의 치과의사들이었다. 열댓 명 방문 의사 중에 길태 형님보다 3살 더 위인 미국 형님이 계셨다. 100세까지 함께 가자고 외치며 즉석에서 미국 형님의 초대를 받으셨다. '노후의 새로운 패러다임, 셀프탄생'이 전 세계로 퍼지는 섹시한 순간이었다. 이제, 결단하고 실행하는 일만 남았다.

전 세계로 '노후의 새로운 패러다임'을 펼칠 시간이다.

2023년 11월 30일 오전 1시 58분

오섬건강마을에서

세상을 이롭게 만들 셀프탄생을 위한 필독서

여기 '책 다섯 권'을 읽으면서 노후의 새로운 패러다임을 만들고 세웠다.

마케팅 그루, 세스 고딘의 『마케팅이다』에서
40년 어둠에 빛을 들이다

(책을 읽어야 하는 이유)

마케팅 그루, 세스 고딘의 『마케팅이다』를 읽으며 40년간 지녀 온 어둠 안에 빛이 들었습니다.

일 년 열두 달 어김없이 실행하는 '아침 루틴 4가지'가 있습니다. 화장실, 명상 20분, 비타민 주스 350ml, 독서 1시간 이상 하기입니다. 하루가 편안합니다.

여느 때처럼 행복한 마음으로 한 꼭지 시작하는데, 섬광처럼 마음에 강력한 불이 들어왔습니다. "야호!" "바로 이거야!" 며칠 전에는 울컥하게 만들더니 오늘은 사십 년 묵은 힘든 마음을 깔끔하게 지워 줍니다. 깜깜했던 동굴에 등불을 켜 주니 순식간에 더 이상 동굴이 아니게 되었습니다. 빛은 이렇게 위대합니다. 찰

나에 어둠을 거둬 줍니다.

스물두 살에 지금의 평생지기 신랑을 만나, 스물세 살 졸업도 하기 전에 급하게 결혼했습니다. 두 사람 다 졸업을 앞둔 10월, 하늘이 열리는 날이었습니다. 결혼 날짜는 공휴일이 좋습니다. 사십 년 동안 빨간 날, 기념일이었기 때문입니다. 인턴으로 시작해서 의사가 되고, 이어서 가정의학과 전문의가 되고, 환자를 너무 많이 보다 병이 나서 한의대를 가게 됩니다. 공부하면서 쉬고 싶다는 취지였습니다. 전문의로서는 대한민국 최초의 결정이었습니다.

덕분에 가난하게 시작한 의사 아내는 수없이 자주 하는 이사를 혼자 해야 했습니다. 의학도가 가야 하는 길이 집안의 '원씽'이었기에 다른 모든 일은 아내가 해야 했습니다. 함께 외식할 때도 영화관을 갈 때도 신랑은 아무 생각이 없고, 모든 제안과 진행은 아내가 했습니다. 40년이 지나도록 변함없는 생활방식입니다. 왜냐하면 신랑 안에는 항상 아픈 사람, 환자가 있기 때문입니다. 침묵을 깨고 뭔가 물어볼 때는 항상 '봉창'을 뜯습니다. 생각에 잠겨 있기 때문이죠. 언제나 오로지 환자 생각입니다. 늘 생각에 잠겨

있습니다. '무엇을 더 어떻게 해 줘야 할까?'

주말에는 걷기 위해 산림 속으로 갑니다. 걸으면서 이런저런 이야기를 해 보지만, 늘 실패입니다. 산에는 온통 신기한 생명이 있어 모두가 약초라며 이것저것 씹어 봅니다. 독이 있으면 어떻게 할 거냐고 놀라 말하면, 독이 병을 다스리는 것이라고 대답합니다. 저더러 먹어 보라고 내밀지만, 겁쟁이는 언제나 'NO!'입니다. 다정하고 재밌고 행복한 커플이라고 남들은 말하지만, 모르는 소리입니다. 언제나 남편은 진료 중입니다.

더 자세히 읽기는 조선일보 톱클래스 '최원교의 마음세우기'를 검색

자기 계발 그루, 밥 프록터 『부의 확신』에서
무한대 상상의 꿈으로 확장하다
(잠재의식의 힘을 믿어야 하는 이유)

일곱 살이었던 어느 날로 기억됩니다. 그땐 '육교'라고 했습니다.

다리 건너 동네 친구 집에 놀러 갔습니다. 그때 결심했습니다. '이 담에 커서 나도 사이다 같은 거 만들어야지.' 지금도 편의점 앞 줄에 자리 잡고 있는 그것이 제 사업의 첫 동기부여 주인공입니다.

육십 대가 된 지금, 몸을 따뜻하게 하는 생명의 기초, 체온 상승 특허 음료로 세상을 이롭게 하고 있습니다. 편의점에는 아직 가지 못했지만, 성장 중인 일곱 살의 '첫 꿈'입니다.

초등학교에 입학한 지 한두 해 지난 어느 날, 검지와 중지를 모아서 소금으로만 이를 닦았던 우리는 '치약'이라는 신기한 물건이 만나게 됩니다. 지키고 서 계셨던 엄마는 이렇게 말했습니다. "아주 조금 짜서 위아래 깊숙이 잘 닦아라. 많이 오래 닦아야 해. 비싼 거니까!" 그 후로 그 치약은 아주 오랫동안 전 국민의 치약이 되었습니다. '행운'이란 이름으로!

그때 결심했습니다. '세상에서 가장 좋은 치약을 만들어야지, 가장 좋은 거!' 덕분에 약초로 필수 기능을 대신한 치약을 만들어 일만 오천의 만남을 진행 중입니다. 얼마 전엔 파라과이 교민께서 치약을 사러 오셨습니다. 묻고 찾느라 동네 어른들께 물으셔서 유명해지는 유쾌한 일도 있었습니다. 두 번째 꿈입니다.

이쯤이면 '시크릿'을 통해 '끌어당김의 법칙'을 실제로 검증해 낸 전설적인 자기 계발의 그루 '밥 프록터'의 가르침이 실천된 것 아닌가 싶습니다. 아무것도 몰랐지만 어린 나이에 결심한 꿈이 잠재의식에서 믿고 맡겨져 오늘날에 이뤘습니다. 오십, 육십 나이에 '먼저 시작하고 나중에 완벽해져라'라는 조언대로 실천하고 있습니다. 깊은 고뇌의 계곡에 빠졌을 때, 꼭 잡았던 한마디 동아줄입니다.

고백하자면, 400여 권의 책을 출판하면서 책을 읽지 않았습니다. 들이닥치는 대로 열심히 살았으며, 그때마다 성공했다는 자만이 하늘을 찌른 것입니다. 처음 하는 일도 척척 해내는 자신에게 '모자람'이 없다는 그것이 문제였습니다. 겉으로는 겸손한 것처럼 보였지만 속에는 망할 수밖에 없는 '자만'이 있었습니다. 부족한 것이 없다는 생각으로 '그만하면 됐어'가 온 마음에 자리 잡고 있었습니다.

더 자세히 읽기는 조선일보 톱클래스 '최원교의 마음세우기'를 검색

성공철학의 거장, 나폴레온 힐
『생각하라 그리고 부자가 되어라』를 읽고
'어떤 사람'이 되었다
(진정한 부의 본질을 알아야 하는 이유)

"부자로 성공하고 싶은가요?" 이 시대의 아우성치는 최다 썸네일 주제입니다.

SNS, 모든 플랫폼에서 남녀노소 불문 대상으로 외쳐 댑니다. '돈을 벌어 주는', '성공하게 하는', '부자가 되는', '돈 버는', '당신만 모르는' 등등. 이런 제목은 그대로 시선을 멈추게 합니다. '3초' 조회 수를 늘리기에 충분합니다. '부'는 우리가 원하는 모든 가치를 가능하게 한다는 뜻으로 현시대에 가장 뜨거운 목표이죠. 자신을 지키고 가족을 지킬 수 있다는 이유로 '의무'이고 '자유'라고도 합니다. '마음'이 있어도 '부'가 받쳐 주지 못하면 아무 소용없다는 설명에 안타깝게도 이견이 없습니다. 운전면허도 공부해야 한다는 것처럼 '부'를 얻는 것 또한 공부해야 한다는 것을 60년이 넘어서야 알아차렸습니다.

3년 전, 온라인 세상으로 이주한 주인공은 '죽음'까지 간 공포를 뚫고 용케 살아났습니다. '건국 이래 가장 돈 벌기 좋은 때'라고 말합니다. 맞습니다. 그래서인지 유행처럼 화제가 되었던 수저 타령이 흔적 없이 사라지고 있습니다. 그저 '흙수저였다', '무수저 였다'라는 표현도 너무 흔하고 넘쳐 고개를 돌릴 정도가 되었으니 말입니다. 그러나 여전히 '부'를 성공시킨다는 것은 어려운 과제입니다.

절박한 위기를 넘어선 주인공은 삶을 넘어서 '진짜 부자'가 되자 결심하고 독학으로 짚어 가는 '돈 공부 하우투 클라스'를 열었습니다. 혼자 읽는 것보다 같이 읽으며 실행하는 과정은 흥미진진하기도 하고 결과가 있기 때문입니다. 기초 과정은 작가의 나라에서 개인으로서 최고액의 세금을 낸다는 분이 쓴 책을 모조리 읽었습니다. 몇 년째 사 둔 책으로 꽉 찬 서가 앞에 서니 인스타그램과 유튜브에서 많은 추천을 받는 두꺼운 책이 눈에 들어왔습니다. 마치 "나요! 나요!" 하는 것 같았습니다.

나폴레온 힐, 부와 성공의 원칙을 알려 주는 『생각하라 그리고 부자가 되어라』였습니다. 밥 프록터의 『부의 확신』을 읽고 난 직

후라 '상상만 하고 믿기만 하면 큰 부자가 될 수 있어! 무한대도 가능해!'라는 믿음으로 꽉 차 있었습니다. 그러니 '부와 성공의 원칙'이 성장과 확장에 큰 도움이 될 것이라는 설렘은 당연했습니다. 긴 시간 방치했던 미안한 마음으로 겸손하게 책장을 열었습니다. 때마침 우주에서 보낸 특별한 선물인 것이 틀림없었습니다. 몰입하여 읽어 내려갔습니다. 정말 가장 좋은 때에 가장 좋은 모습으로 나타난 인연 책이었습니다.

'부를 일군 사람들은 모두 한 가지 아이디어에서 출발했다'라는 문구가 눈에 확 들어왔습니다. 여기서도 '가난과 부는 모두 생각에서 나온다'라고 말합니다. 그리고 생각이 상황을 만든다고 친절하게 부연 설명합니다. 또 마찬가지로 포기하지 말고 이룰 때까지 해내야 한다고 다져 줍니다. 많은 자기 계발 관련 서적에서 중복되는 주제를 만나게 됩니다. 하지만 너무나 중요한 과제이기 때문에 법칙, 원칙, 공식, 본질인 여러 가지 형태로 설명됩니다. 겸허한 마음으로 몰입 독서로 다지며 성장합니다. 배우는 것을 넘어서 실행하는 것이 독서의 핵심입니다.

더 자세히 읽기는 조선일보 톱클래스 '최원교의 마음세우기'를 검색

설득의 대부, 로버트 치알디니 『초전설득』를 읽고
'절대 거절할 수 없는 설득 프레임'을 배우다
('예스'라는 답을 꼭 이끌어 내야 하는 벗에게)

"나 혼자만 이런 생각을 하는 것은 아니예요!" 존 레논은 〈이매진〉이라는 자기 노래에서 기아와 탐욕, 소유물, 심지어 국가가 없는 세상을 제시했다고 합니다. 보편적인 형제애 그리고 평화와 통합으로 특징 지어지는 세상, 이런 몽상가의 이상향처럼 보이는 것을 단 한 소절로 자신의 꿈을 받아들이도록 설득했다는 그 명가사를 소개합니다. 세상을 이롭게 하는 노후의 새로운 패러다임을 내놓은 이 마음도 그와 같습니다. "나 혼자만 이런 생각을 하는 것은 아닙니다!"

며칠 전, '종점'이라는 정겨운 단어가 생각났습니다. 수업 중 '죽음'에 대한 좋은 예시로 버스 이야기를 하다가 소중한 추억이 떠올랐습니다. 1970년대 즈음 이야기입니다. 자가용이 있는 가정이 드문 시대라 대부분 대중교통으로 버스를 이용했던 때입니다. 종점에서 출발해서 종점으로 들어오는 푸근한 옛 풍경을 이야기해 보렵니다. 기사 아저씨가 운전하고 버스 문 앞에 서 있는 '언니'가 있습니다. 타고 내리는 승객들의 안전을 도우며 버스비를 받는 관리자입니다. 기계가 대신하면서 사라진 직업입니다. 그땐 '차장'이라고 불렀습니다.

지금도 그렇지만, 입시가 치열했던 때, 늦은 저녁까지 종로에 있는 학원에 다니는 학생들이 많았습니다. 흔들리는 버스가 잠시 눈 붙이기에는 안성맞춤입니다. "내리세요! 종점 다 왔어요!" 하며 문 위를 마구 두드리는 소리가 들립니다. 자다 깨서 허둥지둥 내리는 학생, 술 취해 뒤뚱거리며 내리는 아저씨, 텅 빈 버스 안, 이런 풍경이 '종점'입니다. 우리 인생에도 '종점'이 있다는 것을 아름답게 표현하고자 했습니다. 세계적인 베스트셀러『설득의 심리학』의 저자인 로버트 치알디니는 말합니다. 사람들은 부정적이고 파괴적인 말을 싫어하고 피한다고 합니다. 그러니 긍정적이고 호감 가는 단어를 쓰고 말하라고 가르칩니다.

학교에서는 '죽음'에 대하여 가르쳐 주지 않았습니다. 가정에서 가족, 누군가가 떠나는 일을 겪으며 막연하게 죽음에 대하여 안다고 여겼던 것 같습니다. 그런 이유로 늘 청춘이고 젊음이 당연하다는, 심지어 영원히 살 것 같은 착각에 철없는 생각만 하고 살아왔습니다. 육십이 되어서야 '종점'에 대하여 신중히 생각하게 되었습니다.

더 자세히 읽기는 조선일보 톱클래스 '최원교의 마음세우기'를 검색

소통의 영웅

『스티브 잡스 프레젠테이션의 비밀』을 읽고

(미치도록 대단한 프레젠터가 되는 법)

독자에게 주려는 목표를 넘어 상상력, 창의력, 실행력까지 실천하게 하는 커뮤니케이션 코치 카민 갤로의 글입니다. 천운으로 만난 명서에서 연속적으로 연관된 영감을 받았습니다. 꿈을 이룰 수 있겠다는 확신도 섰습니다. 삶의 문화를 바꿀 수 있다는 기대감으로 온 마음이 팽창되어 있는 요즘입니다. 감사함으로 마음 음반은 신명 나는 리듬을 탑니다. '신나 신나, 무지 신나!'

원하는 대로 구체적인 설계도가 완성되고 사랑과 희망으로 가득 찬 새 건축물! '이 어마어마한 것을 어떻게 잘 알릴 것이냐?'라는 과제만 남았습니다. 눈에 띌 때마다 사들여 놓은 책더미에서 쓰윽 잡아 뺀 책이『스티브 잡스 프레젠테이션의 비밀』입니다. 세상을 발칵 뒤집어 놓고 안타깝게 암으로 생을 마감한 마력의 매력자 '스티브 잡스'가 눈에 확 들어왔습니다.

최고의 프레젠터이기도 하지만, 40년 넘도록 진료 현장을 돕고 있는 최 간호조무사의 가장 중요한 건강 모델이기도 합니다. 건강보다 돈을 앞세워 생각하시는 환자께 스티브 잡스가 남기고 간 건강 명언은 최고의 처방 약입니다. 시간과 노력까지 절약해 주는 청바지와 검은 티를 입는 패션 브랜딩까지도 지지하는 팬이 되었습니다. 깐깐하게 보이고 날카롭게 보이는 인상마저 반하게 하는 충분히 매력적인 영웅입니다.

저자 카민 갤로는 천재이며, 개혁자이며, IT 개발자로 세계적인 현대 기업가들은 대부분 1955년생이라고 말합니다. 그 정도로 머리부터 발끝까지 '스티브 잡스' 소통 방법의 모든 것을 알려줍니다. 프레젠테이션의 스크린, 말, 몸짓, 손짓, 동영상부터 계획된 소통 방법까지 자세히 이야기합니다. 얼마나 대단한지 여러 가지 예를 들어 자랑합니다.

스티브 잡스가 생을 다해 열정적으로 만들고 자랑한 애플 핸드

폰은 쓰고 있지 않지만, 그의 삶을 송두리째 존경합니다. 카민 갤로의 이야기는 책을 넘어 '스티브 잡스'를 실제로 만나게 합니다. 왜냐하면 잡스가 말하는 프레젠테이션은 물론, 설명회, 세미나 기조연설까지 문장을 통해 완벽하게 공감하고 이해할 수 있게 하기 때문입니다. 자기 작품이 세상을 어떻게 바꿔 놓았는지를 단순하고 명확하게 제대로 알려 줍니다.

저자는 잡스의 프레젠테이션 이론을 친절하게 설명해 주고, 잡스의 연설문 등 잡스의 상품 설명 이야기를 친절하게 정리하고 예문까지 자세히 알려 줍니다, 우리는 이를 잘 정독하고 잡스의 문장에 각자가 설명하려는 상품의 관련 단어로 바꿔 놓기만 하면 되는 것입니다. 작가는 누구나 스티브 잡스처럼 성공적인 프레젠테이션을 할 수 있다고 말합니다. 잡스의 어마어마한 설명은 기획을 마치고 상품 제작을 막 끝낸 세상 모든 마케터들에게 이를 최고로 잘 설명할 수 있는 막강한 초안을 작성하게 합니다. 정말 놀라운 교육이 아닐 수 없습니다.

더 자세히 읽기는 조선일보 톱클래스 '최원교의 마음세우기'를 검색

부록 2

100세 활동가, 당신이 당신에게 꼭 물어야 할 질문 리스트

1. 당신은 행복하고 싶은가?

2. 당신은 긍정적인가?

3. 당신은 건강한가?

4. 당신은 꿈이 있는가?

5. 당신은 자신을 사랑하는가?

6. 당신은 하고 싶은 일이 있는가?

7. 당신은 책 읽기를 좋아하는가?

8. 당신은 존경하는 사람이 있는가?

9. 당신은 멘토가 있는가?

10. 당신은 여행 가고 싶은 곳이 있는가?

이 10가지는 긍정적이고 구체적인 답이 나올 때까지 묻고 또 물어야 할 세상에서 가장 중요한 질문이다. 이것만 있으면 당신은 셀프탄생이 된 것이고 이미 100세 활동가임이 틀림없다.

참고문헌

개리 비숍,『시작의 기술』, 웅진지식하우스, 2019.

게리 바이너척,『부와 성공을 부르는 12가지 원칙』, 천그루숲, 2022.

게리 켈러, 제이 파파산,『원씽』, 비즈니스북스, 2013.

갤럽 프레스,『위대한 나의 발견 강점혁명』, 청림출판, 2021.

대행 큰스님,『삶은 고가 아니다』, 한마음선원, 2022.

론다 번,『시크릿』, 살림Biz, 2007.

롭 무어,『결단』, 다산북스, 2019.

마이클 싱어,『상처 받지 않는 영혼』, 라이팅하우스, 2014.

모치즈키 도시타카,『보물지도』, 나라원, 2023.

밥 프록터,『부의 확신』, 비즈니스북스, 2022.

세스 고딘,『마케팅이다』, 쌤앤파커스, 2019.

이성선,『산시』, 시와, 2013.

정인영,『길이 없으면 길을 만들며 간다』, 교보문고, 2017.

최원교,『꿈을 이루게 하는 삶의 공식』, 공감, 2022.

헤르만 지몬,『프라이싱』, 쌤앤파커스, 2017.

나는 100세까지
섹시하게 살기로 했다

초판 1쇄 인쇄 | 2023년 12월 20일
초판 1쇄 발행 | 2023년 12월 27일

지은이 | 최원교

펴낸이 | 최원교
펴낸곳 | 공감

등   록 | 1991년 1월 22일 제21–223호
주   소 | 서울시 송파구 마천로 113
전   화 | (02)448-9661 팩스 | (02)448-9663
홈페이지 | www.kunna.co.kr
E-mail | kunnabooks@naver.com

ISBN 978-89-6065-333-7 (03320)